Über dieses Buch

Als Fünfundfünfzigjähriger, 1912, ein Jahr nach dem Roman ›Mit den Augen des Westens‹, legte Joseph Conrad diese Erinnerungen vor – seinen weitest gesponnenen autobiographischen Bericht, seine unmittelbare Aussage über Herkunft und Bestimmung.
Ohne Formzwang plaudernd und zugleich reflektierend, löst er eine Kettenreaktion von Reminiszenzen aus, die entscheidende Momente und Szenen seines Werdens beschwören: Kindheitseindrücke in der fernen, bedrängten polnischen Heimat und väterliches Erbe, vor allem aber das Verlangen, zur See zu fahren, und den plötzlichen Trieb, zu schreiben, zu erzählen, eine Welt zu schaffen. Wie Joseph Conrad Seemann und wie er Schriftsteller wurde, das ist das Hauptthema von ›Über mich selbst‹. Den Kern des Buches bildet die Entstehung von ›Almayers Wahn‹; auf seine Weise skizziert auch Conrad, wie später sein großer Bewunderer Thomas Mann, den ›Roman eines Romans‹, damit aber, denn es handelt sich um seinen ersten Roman, in doppeltem Sinne das Gesetz seines Beginnens.
Der spröde Autor gewährt Einblick in seine Werkstatt. Mit Leidenschaft spricht er von seinem Verhältnis zur englischen Sprache und zur britischen Flagge, und mit Festigkeit gibt er Rechenschaft von seinem menschlichen und künstlerischen Ethos. »Wer mich gelesen hat, kennt meine Überzeugung, daß die Welt, die vergängliche Welt, auf einigen wenigen sehr einfachen Gedanken ruht, Gedanken von einer solchen Einfachheit, daß sie so alt sein müssen wie die Berge. Sie ruht unter anderem sehr merklich auf dem Gedanken der Treue.«

Der Autor

Joseph Conrad (eigentlich Josef Teodor Konrad Nalec Korzeniowski) wurde 1857 als Sohn polnischer Landedelleute in der Ukraine geboren. Er besuchte das Gymnasium in Krakau und ging mit siebzehn Jahren nach Marseille, um Seemann zu werden. Als britischer Kapitän befuhr er die Weltmeere und bereiste den Kongo und die Malaiischen Inseln, Schauplätze seiner späteren Romane. Schon als Seeoffizier begann er zu schreiben. Als ein tropisches Fieber ihn zwang, den Seemannsberuf aufzugeben, ließ er sich 1894 als freier Schriftsteller in England nieder. In den folgenden dreißig Jahren entstanden – oft unter großer materieller Not – die berühmten Romane und Geschichten dieses Autors, der, obwohl er die englische Sprache erst als Erwachsener erlernte, zu den großen Meistern der englischen Literatur zählt. Er starb 1924 in seinem Landhaus bei Canterbury.
Im Fischer Taschenbuch Verlag erschienen außerdem ›Der Nigger von der »Narzissus«‹ (Bd. 2054), ›Der Freibeuter‹ (Bd. 2055), ›Der Verdammte der Inseln‹ (Bd. 2056), ›Almayers Wahn‹ (Bd. 2057), ›Die Rettung‹ (Bd. 2058), ›Die Schattenlinie‹ (Bd. 2059), ›Geschichten der Unrast‹ (Bd. 5724).

Joseph Conrad

ÜBER MICH SELBST

Einige Erinnerungen

Fischer Taschenbuch Verlag

Fischer Taschenbuch 5725
November 1982
Fischer Taschenbuch Verlag GmbH, Frankfurt am Main
Lizenzausgabe mit freundlicher Genehmigung
der S. Fischer Verlag GmbH, Frankfurt am Main
Deutsch von G. Danehl
Die englische Originalausgabe erschien 1912
unter dem Titel ›A personal Record, Some Reminiscences‹
Deutsche Ausgaben: ›Lebenserinnerungen‹

Umschlagentwurf: Jan Buchholz/Reni Hinsch
Gesamtherstellung: Hanseatische Druckanstalt GmbH, Hamburg
Printed in Germany
880-ISBN-3-596-25725-5

VORBEMERKUNG DES AUTORS

Das Wiedererscheinen dieses Buches in einer neuen Form erfordert, genau genommen, kein neues Vorwort. Da hier aber unzweifelhaft der Ort für persönliche Bemerkungen ist, nehme ich die Gelegenheit wahr, in dieser Vorbemerkung des Autors zwei Mißverständnisse aufzuklären. Sie sind durch Äußerungen über mich entstanden, die ich jüngst in der Presse gefunden habe.

Eins davon hat mit der Sprache zu tun. Ich habe stets das Gefühl gehabt, man betrachte mich als eine Art Wunderkind, cin Rang, der außerhalb der Zirkuswelt nicht gerade als wünschenswert gelten kann. Man bedarf eines besonders gearteten Naturells, will man Befriedigung darüber empfinden, daß man imstande ist, wunderliche Dinge absichtlich und gleichsam aus bloßer Eitelkeit zu vollbringen.

Daß ich nicht in meiner Muttersprache schreibe, ist selbstverständlich häufig in Besprechungen und Ankündigungen meiner Arbeiten und in den ausführlichen kritischen Würdigungen erwähnt worden. Das war wohl unvermeidlich. Und die Kommentare hätten ja auch der Eitelkeit im höchsten Grade schmeicheln können. In dieser Hinsicht besitze ich aber keine Eitelkeit, die sich geschmeichelt fühlen könnte. Ich kann sie gar nicht besitzen. Hauptzweck dieser Vorbemerkung ist, jedes Verdienst von mir zu weisen, das etwa einem bewußten Willensakt zuzuerkennen wäre.

Irgendwie hat sich der Eindruck verbreitet, ich habe zwischen dem Englischen und dem Französischen, Fremdsprachen für mich alle beide, eine Wahl getroffen. Dieser Eindruck ist irrig.

Er rührt, soweit ich weiß, von einem Artikel her, den Sir Hugh Clifford verfaßt und, wie ich glaube, im Jahre 98 des vergangenen Jahrhunderts veröffentlicht hat. Sir Hugh hatte mich kurz zuvor besucht. Er ist, wenn nicht der erste, so doch einer der ersten beiden Freunde, die ich mir durch meine Arbeiten erworben habe – der andere ist Mr. Cunningham Graham, den, bezeichnenderweise, meine Erzählung ›Ein Vorposten der Zivilisation‹ ganz eingenommen hatte. Diese Freundschaften, die bis zum heutigen Tage gewährt haben, rechne ich unter meine kostbarsten Besitztümer.

Mr. Hugh Clifford (damals war er noch nicht geadelt worden) hatte soeben seinen ersten Band malaiischer Skizzen herausgebracht. Selbstverständlich war ich entzückt, ihn kennenzulernen, und unendlich erfreut von den gütigen Worten, die er für meine ersten Bücher und einige meiner frühen Kurzgeschichten fand, deren Handlungsort der Malaiische Archipel ist. Ich weiß noch, daß er, nach manchem lobenden Wort, das mir die Schamröte bedrängter Bescheidenheit ins Gesicht hätte treiben müssen, endlich mit der unnachgiebigen und doch gütigen Bestimmtheit dessen, der gewöhnt ist, selbst orientalischen Potentaten unangenehme Wahrheiten zu sagen (natürlich zu deren eigenem Besten) zu verstehen gab, ich hätte, genaugenommen, von den Malaien nicht die geringste Ahnung. Das war mir nun durchaus bekannt. Ich habe niemals vorgegeben, einschlägige Kenntnisse zu besitzen, und fühlte mich gedrängt – ich staune heute noch über meine Ungezogenheit – zu erwidern: »Selbstverständlich weiß ich nichts von den Malaien. Wüßte ich nur den hundertsten Teil dessen, was Sie und Frank Swettenham von den Malaien wissen, brächte ich es wohl zuwege, daß alle Welt die Ohren spitzt.« Er fuhr fort, mich freundlich (aber fest) anzuschauen, und dann fingen wir beide schallend an zu lachen. Im Laufe jenes hochwillkommenen, nun zwanzig Jahre zurückliegenden Besuches, dessen ich mich so gut erinnere, war zwischen uns von vielerlei Dingen die Rede; unter anderem von den Eigenheiten der verschiedensten Sprachen, und an eben jenem Tage ging mein Freund mit dem Eindruck fort, ich habe zwischen der englischen und der französischen Sprache eine wohlüberlegte Wahl getroffen. Als er dann später, von Freundschaft geleitet (für ihn kein leeres Wort), in der *North American Review* eine Betrachtung über Joseph Conrad vorlegte, vermittelte er diesen Eindruck auch der Öffentlichkeit.

An diesem Mißverständnis, denn um nichts anderes handelt es sich, bin ohne Zweifel ich schuld. Ich muß mich im Verlaufe eines freundschaftlichen und vertrauten Gespräches, in dem man ja nicht jeden Satz sorgfältig bedenkt, schlecht ausgedrückt haben. Soweit ich mich erinnere, hatte ich sagen wollen, daß ich, *vor die Notwendigkeit gestellt*, zwischen diesen beiden Sprachen zu wählen, obschon recht gut beschlagen und von Kindheit an daheim im Französischen, doch den Versuch gefürchtet habe, mich in einer so perfekt ›kristallisierten‹ Sprache auszudrücken. Dies ist, glaube ich, das damals von mir gebrauchte Wort. Und dann gingen wir zu anderen Dingen über. Ich mußte ihm ein wenig über mich erzählen; und was er von seiner Tätigkeit im Osten berichtete, in seinem ganz speziellen, höchst eigenen Osten, von dem ich nur eine sehr nebelhafte, unzureichende Vorstellung hatte, nahm mich ganz und gar gefangen. Der heutige Gouverneur von Nigeria erinnert sich dieses Gespräches vielleicht nicht mehr so gut wie ich, doch bezweifle ich nicht, daß er gegen diese, wie der Diplomat sagt, ›Berichtigung‹ der Aussage eines unbedeutenden Schriftstellers nichts einzuwenden hat, für den zu interessieren und den mit seiner Freundschaft zu beehren, seine großherzige Anteilnahme ihn veranlaßt hatte.

In Wahrheit ist meine Fähigkeit, in englischer Sprache zu schreiben, ebenso angeboren wie jede andere Fertigkeit, mit der ich etwa zur Welt gekommen bin. Ich hege die seltsame, unabweisbare Überzeugung, daß diese Fähigkeit stets ein unveräußerlicher Teil meiner selbst gewesen ist. Die englische Sprache konnte von mir weder gewählt noch adoptiert werden. Daß es da eine Wahl geben könnte – dieser Gedanke ist mir überhaupt nie gekommen; und was die Adoption angeht – nun ja, eine Adoption hat stattgefunden, doch war ich es, den der Genius der Sprache adoptierte, jener Sprache, die mich, da ich kaum dem Alter des Stammelns entwachsen war, so vollständig zu der ihren machte, daß ihre Eigentümlichkeiten, wie ich fest glaube, unmittelbar auf mein Naturell einwirkten und meinen noch formbaren Charakter bildeten.

Das war ein sehr intimer Vorgang und aus eben diesem Grunde zu geheimnisvoll, um sich erklären zu lassen. Solch Unterfangen wäre ebenso aussichtslos wie der Versuch, Liebe auf den ersten Blick erklären zu wollen. Auch in jenem Aufeinandertreffen war etwas von jubelndem, beinahe körperlichem Erkennen, war die gleiche gefühlsbeherrschte Hingabe, der gleiche Besitzerstolz, alles vereint in dem Staunen angesichts einer bedeutenden Entdeckung; doch der Schatten jenes gräßlichen Zweifels, der noch auf die Flamme unserer vergänglichen Leidenschaften fällt, war nirgendwo zu sehen. Man wußte sehr wohl: diese Bindung galt für immer.

Eine Sache also der Entdeckung, nicht des Erbes, und gerade daß der Besitztitel so schwach ist, macht dieses Talent noch kostbarer, erlegt dem Besitzer die lebenslange Verpflichtung auf, sich dieser großen Gunst würdig zu erweisen. Doch kommt es mir vor, als klinge dies alles wie der Versuch einer Erklärung – ein Vorhaben, das ich doch gerade erst als undurchführbar bezeichnet habe. Wenn wir auch, von ehrfürchtiger Scheu ergriffen, zugeben, daß das Unmögliche da, wo es sich um Taten handelt, vor dem unbezwinglichen Mut des Menschen zurückweicht, so bezieht das Unmögliche doch, wo es sich um Analyse handelt, an irgendeinem Punkt stets eine uneinnehmbare Stellung. Ich kann nach all diesen Jahren hingebungsvoll ausgeübter Praxis mit ihrer zermürbenden Last von Zweifeln, von Unzulänglichkeiten, von innerem Schwanken nur verlangen, man möge mir Glauben schenken, wenn ich sage, daß ich, wo nicht in englischer Sprache, dann überhaupt nicht geschrieben haben würde.

Die zweite Bemerkung, die ich hier machen möchte, stellt ebenfalls eine Berichtigung dar, allerdings keine so direkte. Sie hat mit dem Ausdrucksmittel nichts zu tun. Sie bezieht sich in ganz anderer Weise auf meine Autorschaft. Es kommt mir nicht zu, meine Richter zu tadeln, um so weniger, als ich stets das Empfinden hatte, daß sie mir mehr als Gerechtigkeit zuteil werden ließen. Es will mir aber scheinen, ihre unfehlbar interessierte Anteilnahme habe vieles von dem, was meiner Meinung nach einzig dem Individuum zuzurechnen ist, dem Einfluß der Herkunft und dem der Geschichte zugeschrieben. Dem polnischen Temperament mit seiner Tradition der Selbstverwaltung und seiner übertriebenen Achtung der Rechte des Individuums ist nichts fremder, als was man unter Literaten Slavonentum nennt; ganz abgesehen von der schwerwiegenden Tatsache, daß die ihrer Natur nach westliche Mentalität der Polen ihre Schulung Italien und Frankreich zu verdanken hat und historisch immer, selbst in religiösen Dingen, in Übereinstimmung mit den liberalsten Strömungen europäischen Denkens geblieben ist. Eine unvoreingenommene Meinung von der Menschheit in allen Abstufungen von Glanz und Elend, bei besonderer Berücksichtigung der Rechte der Benachteiligten dieser Welt, und zwar nicht auf mystischer Grundlage, sondern auf der Grundlage schlichter Menschlichkeit und ehrenhafter Wechselseitigkeit der Dienstleistungen war bestimmend für die geistige und sittliche Atmosphäre in jenen Häusern, die mir in meiner unsicheren Kindheit Obdach boten:

– das war Teil einer tiefen, unerschütterlichen Überzeugung, die Konsequenz und Dauer hatte und so weit wie möglich von jener Menschenfreundlichkeit entfernt war, welche nichts weiter zu sein scheint als das Produkt verwirrter Nerven oder eines morbiden Gewissens.

Einer der mir am freundlichsten gesonnenen Kritiker hat versucht, gewisse Eigenarten meines Werkes damit zu erklären, daß ich, wie er sich ausdrückte, »der Sohn eines Revolutionärs« gewesen sei. Keine Bezeichnung könnte weniger geeignet sein, einen Menschen zu beschreiben, der im Denken und Tun ein so starkes Verantwortungsgefühl empfand und dem Drängen persönlichen Ehrgeizes so wenig nachgab wie mein Vater. Ich verstehe wirklich nicht, warum man überall in Europa das Wort »revolutionär« auf die polnischen Erhebungen von 1831 und 1863 anwendet. Diese Erhebungen waren nichts als Revolten gegen die Fremdherrschaft. Die Russen bezeichneten sie als »Rebellionen«, was, von ihrem Standpunkt gesehen, genau die Wahrheit traf. Mein Vater war ebensowenig revolutionär gesonnen wie die anderen Männer, die mit den Vorbereitungen der Bewegung von 1863 befaßt waren, – revolutionär in dem Sinne, daß er eine gesellschaftliche oder politische Daseinsordnung zu untergraben trachtete. Er war ganz einfach ein Patriot, wenn man unter Patriot einen Menschen versteht, der an die geistige Natur eines nationalen Daseins glaubt und es nicht ertragen kann, diesen Geist versklavt zu sehen.

Da diese Gestalt aus meiner Vergangenheit in der freundlichen Absicht, das Werk des Sohnes zu rechtfertigen, vor die Öffentlichkeit gerufen worden ist, kann sie nicht ohne einige weitere Worte zurückgeschickt werden. Solange ich ein Kind war, wußte ich selbstverständlich von der Tätigkeit meines Vaters sehr wenig. Als er starb, war ich kaum zwölf Jahre alt. Was ich mit eigenen Augen gesehen habe, war das öffentliche Leichenbegängnis, waren die geräumten Straßen, war die zum

Verstummen gebrachte Menge; ich verstand aber sehr wohl, daß es sich um eine Kundgebung des Geistes der Nation handelte, der diese seiner würdige Gelegenheit ergriffen hatte. Die Masse barhäuptiger Arbeiter, die jungen Leute von der Universität, die Frauen an den Fenstern, die Schulknaben auf der Straße, sie alle können nichts Näheres über ihn gewußt haben; sie kannten nur den Ruhm seiner Treue zu dem Gefühl, das ihrer aller Herzen beherrschte. Ich selber besaß keine andere Kenntnis als diese; und die machtvolle, schweigende Demonstration erschien mir als der natürlichste Tribut der Welt – nicht an den Mann, sondern an die Idee.

Viel inniger hatte mich die Verbrennung seiner Schriften vierzehn Tage vor seinem Tode beeindruckt. Sie geschah unter seiner Aufsicht. Zufällig betrat ich an jenem Abend sein Zimmer etwas früher als sonst, und da mich niemand bemerkte, blieb ich stehen und sah der Krankenschwester zu, wie sie den Flammen im Kamin Nahrung gab. Mein Vater saß von Kissen gestützt in seinem tiefen Sessel. Später sah ich ihn nicht mehr außerhalb des Bettes. Er erschien mir weniger als ein hoffnungslos kranker denn als ein tödlich erschöpfter – ein überwältigter Mann. Der Akt der Vernichtung rührte mich deshalb so tief, weil er wie eine Kapitulation wirkte. Indessen nicht wie eine Kapitulation vor dem Tode. Für einen Menschen von so starker Gläubigkeit kann der Tod kein Feind gewesen sein.

Jahrelang lebte ich in dem Glauben, jeder Fetzen seiner Schriften sei verbrannt worden, bis mich im Juli 1914 der Bibliothekar der Universität Krakau bei Gelegenheit unseres kurzen Besuches in Polen aufsuchte und das Vorhandensein einiger Manuskripte von der Hand meines Vaters, insbesondere aber eine Reihe von Briefen erwähnte, die jener vor und während seiner Verbannung an einen nahen Freund geschrieben, der sie seinerseits der Universität zur Verwahrung übersandt hatte. Ich ging sofort in die Bibliothek, hatte aber nur Zeit, einen flüchtigen Blick auf die Briefe zu werfen. Ich beabsichtigte, folgenden Tages wiederzukommen und mir Kopien der gesamten Korrespondenz anfertigen zu lassen. Doch am nächsten Tag war der Krieg da. So werde ich vielleicht niemals erfahren, was er in der Zeit seines häuslichen Glückes, seiner jungen Vaterschaft, seiner mächtigen Hoffnungen – und später in den Stunden der Enttäuschung, des Verlustes und der Düsternis an seinen engsten Freund geschrieben hat.

Ich hatte auch angenommen, daß er fünfundvierzig Jahre nach seinem Tode vollständig vergessen sein würde. Dies war aber nicht der Fall. Junge Literaten hatten ihn entdeckt, insbesondere seine bemerkenswerten Übersetzungen von Shakespeare, Victor Hugo und Alfred de Vigny, zu dessen von ihm selbst übersetzten Drama *Chatterton* er ein beredtes Vorwort geschrieben, in dem er die tiefe Menschlichkeit des Dichters und dessen Ideal des edlen Stoizismus verteidigt. Auch der politischen Seite seines Lebens entsann man sich; denn etliche seiner Zeitgenossen, seine Mitstreiter im Bemühen, den nationalen Geist in der Hoffnung auf eine unabhängige Zukunft hochzuhalten, hatten in ihrem Alter Lebenserinnerungen veröffentlicht, in denen die Welt erstmals von der Rolle hörte, die er gespielt. Damals erfuhr ich Dinge aus seinem Leben, von denen ich nichts gewußt, Dinge, die, abgesehen von der Gruppe der Eingeweihten, niemand gewußt haben kann als meine Mutter. So also, aus einem Band posthum veröffentlichter Memoiren, die sich mit jenen bitteren Jahren befaßten, erfuhr ich, daß die ersten Anfänge des geheimen Nationalkomitees, dessen Zweck hauptsächlich war, den moralischen Widerstand gegen die zunehmende Russifizierung zu organisieren, auf die Initiative meines Vaters zurückgingen, und daß die ersten Versammlungen in unserem Haus in Warschau stattgefunden haben, von dessen Zimmern ich mich nur an ein einziges erinnere – weiß und purpurrot – vermutlich den Salon. In einer seiner Wände

befand sich der denkbar majestätischste Rundbogen. Wohin man gelangte, wenn man ihn durchschritt, bleibt ein Geheimnis; doch kann ich auch heute die Überzeugung nicht loswerden, daß alles von gigantischen Ausmaßen war und daß die in jenen ungeheuer großen Räumen erscheinenden und wieder verschwindenden Personen das übliche Menschenmaß, so wie ich es später kennenlernte, weit übertrafen. Ich sehe unter ihnen meine Mutter, eine vertrautere Gestalt, im schwarzen Gewand der Nationaltrauer, das sie den scharfen Polizeivorschriften zum Trotze trug. Aus jener Zeit ist mir auch die Ehrfurcht vor ihrem geheimnisvollen Ernst geblieben, der allerdings keineswegs ohne Lächeln war. Denn auch ihres Lächelns erinnere ich mich. Damals war sie jung, gewiß noch keine dreißig Jahre alt. Vier Jahre später starb sie in der Verbannung.
Auf den Seiten, die folgen, erwähne ich ihren Besuch im Hause ihres Bruders etwa ein Jahr vor ihrem Tode. Ich erzähle auch ein wenig von meinem Vater, so wie ich mich seiner aus den Jahren erinnere, die dem für ihn tödlichen Schicksalsschlag ihres Hinscheidens folgten. Und nachdem wir nun, als Entgegnung auf die Worte eines wohlmeinenden Kritikers, diese Schatten noch einmal bemüht haben, wollen wir ihnen erlauben, an ihren Ruheort zurückzukehren, wo ihre dem Leben eingeprägten Umrisse zwar schwach nur, doch spürbar verweilen und den Augenblick erwarten, da ihre geisterhafte Wirklichkeit, ihre letzte Erdenspur, mit mir für immer von dieser Welt getilgt sein wird.

1919 J. C.

EINE UNGEZWUNGENE VORREDE

Im allgemeinen bedürfen wir wohl keiner großen Ermunterung, um von uns selbst zu erzählen; dies kleine Buch ist jedoch das Ergebnis eines freundlichen Vorschlages, ja, geradezu eines kleinen freundlichen Druckes. Ich wehrte mich recht mutig; aber die freundliche Stimme beharrte mit charakteristischer Zähigkeit: »Sie müssen ganz einfach, hören Sie?«

Das war nun kein Argument, doch ergab ich mich sogleich. Wenn man muß!...

Man bemerkt die Kraft dieses Wortes. Wer zu überreden sucht, sollte sein Vertrauen nicht auf das durchschlagende Argument setzen, sondern auf das treffende Wort. Die Macht des Schalles ist stets größer gewesen als die Macht der Vernunft. Das soll keine Verunglimpfung sein. Es ist besser für die Menschheit, beeindruckbar zu sein als nachdenklich. Kein großartiges Menschenwerk – und mit großartig meine ich hier etwas, das sich auf Massen von Menschen ausgewirkt hat – ist je aus der Reflexion entstanden. Andererseits ist nicht zu übersehen, welche Kraft im bloßen Wort liegt; in Wörtern zum Beispiel wie Ruhm oder Mitleid. Ich will weiter keine anführen. Man findet sie in nächster Nähe. Mit Beharrlichkeit, Eifer und Überzeugung hinausgebrüllt, haben diese beiden Wörter allein durch ihren Klang ganze Nationen in Bewegung gebracht und den trockenen, festen Boden umgebrochen, auf dem unsere Gesellschaftsstruktur ruht. Bitte sehr, da hat man »Tugend«!... Selbstverständlich muß man die Betonung beachten. Die richtige Betonung. Das ist sehr wichtig. Die mächtige Lunge, der donnernde oder sanfte Ton. Rede mir niemand vom Hebel des

Archimedes. Archimedes war ein zerstreuter Mensch mit einer zur Mathematik neigenden Phantasie. Vor der Mathematik habe ich allen Respekt, aber mit Maschinen kann ich nichts anfangen. Man gebe mir das rechte Wort und die richtige Betonung, dann will ich die Welt schon aus den Angeln heben! Welch Traum für einen Schriftsteller! Denn auch geschriebene Worte haben ihre Betonung. Ja! Man lasse mich nur das richtige Wort finden! Es muß doch gewiß irgendwo unter den Trümmern all der Klagen und all der Jauchzer liegen, die seit dem Tage ausgestoßen worden sind, da Hoffnung, die Unsterbliche, erstmals zur Welt herniederstieg. Vielleicht liegt es da, unbeachtet, unsichtbar, ganz nahebei. Doch nützt das alles nichts. Ich glaube, es gibt Menschen, die beim ersten Versuch die Stecknadel im Heuhaufen finden, doch ich selber habe dieses Glück nie gehabt.

Und dann bleibt da noch die Betonung. Noch eine Schwierigkeit. Denn wer kann sagen, ob die Betonung richtig ist oder falsch, ehe nicht das Wort hinausgeschrien wird, das vielleicht ungehört im Winde verweht und der Welt keinen Eindruck macht? Es war einmal ein Herrscher, der war ein Weiser und auch ein wenig ein Literat. Er hat Gedanken, Maximen und Reflexionen auf Elfenbeintäfelchen geschrieben, welche der Zufall der Nachwelt überliefert hat, damit sie sich daran erbaue. Unter anderem erinnere ich mich – ich zitiere nach dem Gedächtnis – folgender feierlicher Ermahnung: »Verleihe allen deinen Worten den Ton erhabener Wahrheit.« Den Ton erhabener Wahrheit! Sehr schön, doch finde ich, daß es für einen strengen Kaiser leicht ist, solche grandiosen Ratschläge hinzukritzeln. Die meisten gängigen Wahrheiten unserer Welt sind demütig und nicht erhaben; und in der Geschichte der Menschheit hat es Zeiten gegeben, da der Ton der erhabenen Wahrheit sie zu nichts als zu einem Hohngelächter bewegen konnte. Niemand wird erwarten, zwischen den Deckeln dieses kleinen

Buches Worte von ungewöhnlicher Kraft oder unwiderstehlicher Erhabenheit zu finden. So demütigend das für meine Selbstachtung auch sein mag, muß ich doch gestehen, daß die Ratschläge Marc Aurels nicht für mich gemacht sind. Sie eignen sich besser für einen Moralisten als für einen Künstler. Ich kann dem Leser bescheidene Wahrheiten und auch Aufrichtigkeit versprechen, jene rückhaltlose, lobenswerte Aufrichtigkeit nämlich, die einen nicht nur den Händen seiner Feinde überliefert, sondern auch sehr wahrscheinlich zum Streit mit den Freunden führt.

»Streit« ist vielleicht ein zu starkes Wort. Ich kann mir weder unter meinen Feinden noch unter meinen Freunden jemanden denken, der so um eine Beschäftigung verlegen wäre, daß er sich in einen Streit mit mir verwickeln wollte. »Seine Freunde enttäuschen«, wäre wohl richtiger. Die meisten, ja beinahe alle Freundschaften aus der Schreibeperiode meines Lebens sind auf dem Weg über meine Bücher entstanden; und ich weiß, daß ein Romancier in seinen Werken lebt. Da steht er, in einer erdachten Welt die einzige Wirklichkeit inmitten vorgestellter Dinge, Ereignisse und Menschen. Indem er über sie schreibt, schreibt er nur über sich selbst. Doch die Enthüllung ist nicht vollständig. Bis zu einem gewissen Grade bleibt er eine Gestalt hinter einem Schleier; mehr eine vermutete als eine wahrgenommene Gegenwart – eine Bewegung und eine Stimme hinter dem Vorhang der Dichtung. In diesen persönlichen Aufzeichnungen fehlt ein solcher Schleier. Und ich muß dabei an eine Stelle in der ›Nachfolge Christi‹ denken, wo der asketische Verfasser, der das Leben so genau kennengelernt, sagt: »Bisweilen kommt es vor, daß eine unbekannte Person wegen eines guten Namens im hellen Licht erscheint, deren Gegenwart aber dann die Augen der sie Betrachtenden enttäuscht.« Dies ist die Gefahr, der sich ein Schriftsteller aussetzt, der darangeht, ohne Maske von sich selber zu erzählen.

Zur Zeit, da diese Erinnerungen fortsetzungsweise abgedruckt wurden, machte man mir den Vorwurf, schlecht hauszuhalten; als wären diese Seiten eine hemmungslose Verschwendung der Substanz künftiger Bücher! Es scheint, daß ich nicht Literat genug bin. In der Tat vermag ein Mensch, der vor seinem sechsunddreißigsten Jahr keine Zeile für den Druck geschrieben, sein Dasein und seine Erfahrung, die Summe seiner Gedanken, Gefühle und Empfindungen, seine Erinnerungen und seine Kümmernisse und den gesamten Besitz seiner Vergangenheit nicht als bloßes Material für seine Feder zu betrachten. Schon einmal, drei Jahre etwa ist es her, als ich den ›Spiegel der See‹ herausbrachte, einen Band voller Eindrücke und Erinnerungen, hat man mir die gleichen Dinge gesagt. Praktische Bemerkungen. Um die Wahrheit zu sagen: ich habe die Sparsamkeit, die man mir empfahl, nie recht begriffen. Es drängte mich, der See, ihren Schiffen und ihren Menschen, denen ich für so vieles verschuldet bleibe, was mich zu dem gemacht, was ich bin, meinen Tribut zu entrichten. Das Buch erschien mir als die einzige Form, in welcher ich ihn ihren Schatten darbieten konnte. An etwas anderes hätte ich dabei gar nicht denken können. Sehr wohl möglich, daß ich ein schlechter Haushalter bin; ganz gewiß aber bin ich unverbesserlich.

Da ich in einem Leben auf See und unter dessen eigentümlichen Bedingungen herangereift bin, hänge ich ganz besonders an diesem Teil meiner Vergangenheit; denn ihre Eindrücke waren lebhaft, ihre Einwirkungen unmittelbar und ihre Anforderungen von einer Art, welcher der natürliche Stolz der Jugend und eine für den Beruf zureichende Kraft entsprachen. Es gab da nichts, was ein junges Gewissen hätte ratlos machen können. Da ich mich von meinen Ursprüngen unter einem Sturm von Vorwürfen gelöst hatte, die von überall her ertönten, wo auch nur der Schatten der Berechtigung zu einer Meinungsäußerung vermutet werden konnte, da ich durch weite Entfernungen von den mir noch verbliebenen Nächsten getrennt und ihnen in gewisser Weise sogar entfremdet worden war durch die ihnen völlig unverständliche Art meiner Lebensführung, die mich auf so geheimnisvolle Weise meinen Treuepflichten abspenstig gemacht, darf ich wohl sagen, daß die See durch die blinde Macht des Geschickes auf Jahre hinaus zu meiner Welt und die Handelsmarine zu meiner Heimat wurde. Es ist also kein Wunder, daß ich in meinen beiden, ganz auf dem Meer spielenden Büchern – ›Der Nigger vom ‚Narcissus'‹ und ›Spiegel der See‹ (und in den wenigen Kurzgeschichten wie ›Jugend‹ und ›Taifun‹) – versucht habe, mit fast kindlicher Liebe das Pulsen des Lebens in der großen Welt der Gewässer und in den Herzen jener schlichten Männer darzustellen, die ganze Zeitalter lang die Einsamkeiten der Meere durchkreuzt haben; und auch das irgendwie Empfindungsfähige, das in Schiffen zu leben scheint – diesen Geschöpfen ihrer Hände und Gegenständen ihrer Liebe.

Der Literat fristet sein Dasein, indem er immer wieder die Erinnerung beschwört und das Gespräch mit den Schatten sucht, es sei denn, er habe sich entschlossen, nur zu schreiben, um die Menschheit wegen vorhandener Schwächen zu tadeln oder angebliche Tugenden zu preisen, oder – ganz allgemein – ihr Manieren beizubringen. Da ich weder ein Zänker noch ein Schmeichler noch ein Weiser bin, habe ich nichts von alledem getan und bin bereit, mich seelenruhig mit der Unbedeutendheit abzufinden, die das Los von Menschen wird, welche von der Sucht frei sind, sich auf die eine oder andere Art vorzudrängen. Resignation heißt aber nicht Gleichgültigkeit. Ich sähe es nicht gern, ließe man mich als bloßen Zuschauer am Ufer jenes mächtigen Stromes stehen, der so viele Leben mit sich führt. Ich möchte für mich so viel Einsicht beanspruchen, wie in einer von Anteilnahme und Mitgefühl geleiteten Stimme ausgedrückt werden kann.

Es will mir scheinen, daß man mich, wenigstens bei einem maßgebenden Teil der Kritik, einer gewissen fühllosen, grimmigen Hinnahme der Tatsachen verdächtigt – dessen, was die Franzosen *sécheresse du cœur* nennen. Fünfzehn Jahre ungebrochenen Schweigens gegenüber Lob und Tadel zeugen ausreichend für meine Achtung vor der Kritik, jener anmutigen Blume persönlichen Ausdrucks im Garten der schönen Literatur. Hier aber handelt es sich eher um eine persönliche Angelegenheit, um etwas, das den Mann hinter dem Werk betrifft, und so darf es wohl erörtert werden in einem Buch, das eine persönliche Bemerkung am Rande der für die Öffentlichkeit bestimmten Seite darstellt. Nicht, daß es mich im geringsten gekränkt hätte. Der Vorwurf – wenn es überhaupt einer hat sein sollen – wurde in rücksichtsvollster Form im Tone des Bedauerns erhoben.

Meine Antwort lautet: Wenn es wahr ist, daß jeder Roman ein autobiographisches Element enthält – und das kann man kaum bestreiten, kann doch der Schöpfer in der Schöpfung einzig sich selber ausdrücken –, so gibt es eben unter uns Menschen einige, denen es widersteht, ihre Gefühle offen zur Schau zu stellen. Ich möchte die Tugend der Zurückhaltung nicht übermäßig preisen. Oft ist Zurückhaltung nur eine Frage des Temperamentes. Aber sie ist nicht immer ein Zeichen der Kälte, eher schon des Stolzes. Nichts ist demütigender als mit ansehen zu müssen, wie der Pfeil der eigenen Empfindungen das Ziel verfehlt, das Lachen oder Weinen heißt. Nichts ist demütigender! Denn sollte das Ziel verfehlt werden, sollten die zur Schau gestellten Gefühle keine Wirkung tun, so müssen sie unvermeidlich in Ekel und Verachtung untergehen. Man kann keinem Künstler einen Vorwurf daraus machen, daß er einem Wagnis ausweicht, auf das sich einzulassen nur Narren versessen sind und das nur das Genie ungestraft eingehen darf. Bei einer Arbeit, die zur Hauptsache darin besteht, die Seele mehr oder minder vor der Welt zu entblößen, ist die Rücksicht auf das Schickliche, selbst um den Preis des Erfolges, nichts als Rücksicht auf die eigene Würde, die ihrerseits untrennbar ist von der Würde des Werkes.

Und weiter – es ist sehr schwierig, auf unserer Welt entweder ganz heiter oder ganz betrübt zu sein. Das Komische nimmt, soweit es menschlich ist, sehr bald schmerzliche Züge an; und so manche von unseren Kümmernissen (nur manche, nicht alle, denn es ist die Fähigkeit zu leiden, die den Menschen in den Augen der Menschen erhaben macht) haben ihren Ursprung in Schwächen, die man mitleidig lächelnd als unser aller gemeinsames Erbe erkennen muß. In dieser Welt gehen Freude und Kummer ineinander über, ihre Umrisse und ihr Murmeln vermischen sich im Zwielicht des Lebens so geheimnisvoll miteinander wie der Ozean mit den tief über ihm hängenden Wolken, während die blendende Helligkeit allerhöchster Hoffnungen weit draußen am fernsten Rande des Horizontes steht, zauberhaft und unbeweglich.

Ja! Auch ich möchte gerne jenen Zauberstab halten, der mir die Herrschaft über Gelächter und Tränen einräumt, welche als das höchste Amt der schönen Literatur bezeichnet wird. Nur muß man sich, will man ein großer Zauberer sein, okkulten und unverantwortlichen Mächten inner- oder außerhalb der eigenen Brust überantworten. Wir alle haben von schlichten Menschen gehört, die, um Macht oder Liebe zu gewinnen, ihre Seele irgendwelchen wunderlichen Teufeln verkauft haben. Auch der gewöhnlichste Verstand begreift ohne umständliche Überlegung, daß so etwas sich als ein unkluger Handel erweisen muß. Daß ich solche Abmachungen mit Abscheu und Mißtrauen betrachte, rechne ich mir nicht als besondere Klugheit an. Es mag sein, daß meine seemännische Ausbildung die angeborene Neigung verstärkt hat, das eine, das mir wirklich gehört, festzuhalten. Tatsache ist jedenfalls, daß ich ein wahres Grauen bei dem Gedanken empfinde, ich könnte auch nur für einen flüchtigen Augenblick jene absolute Selbstbeherrschung verlieren, welche die unabdingbare Voraussetzung jedes guten Dienstes ist. Und meine Vorstellung von dem, was ein guter Dienst ist, habe ich mit herübergenommen aus meiner früheren in meine spätere Daseinsform. Ich – der ich im geschriebenen Wort niemals etwas anderes gesucht habe als eine Form der Schönheit –, ich habe jenen Glaubenssatz vom Deck der Schiffe auf den beengteren Raum meines Schreibtisches übertragen und bin wohl, dank dieser Handlung, in den Augen der unsäglichen Gesellschaft reiner Ästheten auf immer unvollkommen geworden.

Man gewinnt sich bei der literarischen geradeso wie bei der politischen Betätigung Freunde zumeist durch die Leidenschaftlichkeit seiner Vorurteile und die beharrliche Engstirnigkeit seiner Ansichten. Ich bin jedoch niemals imstande gewesen, aus Ehrfurcht vor einem allgemeinen Grundsatz zu lieben, was nicht liebenswert, und zu hassen, was nicht hassenswert war. Ob dieses Eingeständnis Mut erfordert, weiß ich nicht. Wenn unser Leben seinen Scheitelpunkt überschritten hat, betrachten wir Freuden und Gefahren gelassener. Ich erkläre also in aller Ruhe, daß ich in dem Bemühen, die extremen Gefühlslagen ins Spiel zu bringen, stets die entwürdigende Hand der Unaufrichtigkeit vermutet habe. Wollen wir andere tief aufrühren, so müssen wir uns bewußt erlauben, uns über die Grenzen unserer normalen Empfindungsfähigkeit hinaustragen zu lassen – vielleicht ganz arglos und notgedrungen, wie ein Schauspieler, der auf der Bühne lauter spricht, als er das gewöhnlich im Gespräch tut – und doch, wir müssen es tun. Und gewiß ist das keine schwere Sünde. Die Gefahr indessen liegt darin, daß der Schriftsteller zum Opfer seiner eigenen Übertreibung wird, daß er das untrügliche Empfinden für die Aufrichtigkeit verliert und am Ende dahin kommt, die Wahrheit selbst als zu kalt zu verachten, als zu stumpf für seine Zwecke – kurz gesagt, als nicht gut genug für seine beharrliche Erregung. Der Abstieg von Lachen und Weinen zu Kichern und Plärren ist leicht vollzogen.

Solche Erwägungen mögen egoistisch anmuten, doch kann man, will man den Standpunkt der Moral nicht verlassen, einen Menschen nicht dafür verdammen, daß er seine Integrität wahren möchte. Das ist eindeutig seine Pflicht. Und am allerwenigsten kann man einen Künstler verdammen, der, wie bescheiden und unzulänglich auch immer, ein schöpferisches Ziel verfolgt. In jener inneren Welt, wo seine Gedanken und Empfindungen auf die Suche gehen nach der Erfahrung imaginierter Abenteuer, gibt es keine Polizisten, keine Gesetze, keinen Zwang der Verhältnisse und keine Furcht vor der Meinung der Mitmenschen, die ihn in seinen Grenzen halten könnten. Wer also, wenn nicht sein Gewissen, soll den an ihn herantretenden Versuchungen ein Nein entgegensetzen?

Überdies – man vergesse nicht, daß dies der Ort und der Augenblick ist, ganz offen zu reden – halte ich jeden Ehrgeiz für legitim bis auf den, der das Elend oder die Leichtgläubigkeit der Menschheit als Leiter benutzt. Alles intellektuelle und künstlerische Streben bis an die Grenzen besonnener Vernunft und auch noch darüber hinaus ist erlaubt. Es kann niemandem weh tun. Ist es wahnwitzig, nun, dann um so schlimmer für den Künstler. Solches Streben trägt wirklich seine eigene Belohnung in sich, ganz wie man es immer von der Tugend behauptet. Ist es denn wirklich eine so wahnwitzige Anmaßung, an die souveräne Macht der eigenen Kunst zu glauben, nach anderen Mitteln, anderen Wegen zu suchen, um diesen Glauben an die stärkere Wirkung der eigenen Schöpfung zu betätigen? Danach zu trachten, tiefer hinabzudringen, heißt nicht fühllos sein. Ein Historiker der Herzen ist nicht ein Historiker der Gefühle, und doch dringt er weiter vor, so zurückhaltend er auch sein mag, denn sein Ziel ist es, an die Quelle des Lachens und der Tränen zu gelangen. Der Anblick der menschlichen Angelegenheiten verdient Bewunderung und Mitleid. Sie sind auch der Achtung wert. Und wer da seinen Tribut verhalten entrichtet in Form eines Lächelns, das kein Grinsen, und eines Seufzers, der kein Schluchzen ist, den kann man nicht fühllos nennen. Resignation, keine mystische, keine distanzierte, sondern eine bewußte, von Liebe durchdrungene, offenen Auges geübte Resignation, ist die einzige unserer Empfindungen, die unmöglich geheuchelt werden kann.

Nicht, daß ich die Resignation für der Wahrheit letzten Schluß halte. Dafür bin ich zu sehr ein Geschöpf meiner Zeit. Ich meine, es sei gescheit, das zu wollen, was die Götter wollen, ohne vielleicht deren Willen genau zu kennen – auch dann, wenn sie ihren eigenen Willen haben sollten. Und in dieser Sache des Lebens und der Kunst ist es nicht so sehr das Warum, wovon unser Glück abhängt, sondern das Wie. »Il y a toujours la manière«, sagen die Franzosen. Sehr wahr. Jawohl. Die Art und Weise. Die Art und Weise des Lachens, des Weinens, der Ironie, der Empörung, der Begeisterung, des Urteilens – und selbst der Liebe. Die Art und Weise, in der, wie in den Zügen und im Ausdruck des menschlichen Gesichtes, die innere Wahrheit sich denen kündet, die ihresgleichen anzuschauen verstehen.

Wer mich gelesen hat, kennt meine Überzeugung, daß die Welt, die vergängliche Welt, auf einigen wenigen, sehr einfachen Gedanken ruht, Gedanken von einer solchen Einfachheit, daß sie so alt sein müssen wie die Berge. Sie ruht unter anderem sehr merklich auf dem Gedanken der Treue. Zu einer Zeit, da nichts, das nicht auf die eine oder andere Art revolutionär ist, auf Beachtung rechnen kann, bin ich in meinen Schriften nicht revolutionär gewesen. Der revolutionäre Geist ist insofern sehr bequem, als er uns, was Ideen angeht, von allen Skrupeln freimacht. Sein harter, absoluter Optimismus ist mir widerwärtig, weil er als Drohung Fanatismus und Unduldsamkeit enthält. Man sollte diese Dinge zweifellos belächeln. Doch bin ich nicht nur ein unvollkommener Ästhet, sondern auch ein ebenso unvollkommener Philosoph. Jeder Anspruch auf besondere Rechtschaffenheit erweckt in mir jenen Abscheu und Ärger, von dem ein philosophischer Sinn sich frei fühlen müßte...

Ich fürchte, daß ich, bei dem Versuch, Konversation zu machen, nur unangemessen weitschweifig geworden bin. Die Kunst der Konversation ist mir nie sehr vertraut gewesen – jene Kunst, die, wenn ich recht verstanden habe, nunmehr ausgestorben ist. In meinen jungen Tagen, in jenen Tagen, da Charakter und Gewohnheiten geformt werden, war ich vertrauter mit langem Schweigen. Die Stimmen, die solches Schweigen störten, machten alles andere als Konversation. Nein. Ich habe diese Gewohnheit nie angenommen. Und doch ist die Weitschweifigkeit nicht ohne Beziehung zu der Handvoll Seiten, die nun folgen. Auch ihnen hat man Weitschweifigkeit vorgeworfen, dazu Mißachtung der zeitlichen Folge (dies ist an und für sich selber schon ein Verbrechen); weiter: Abweichung von der hergebrachten Form (was eine Ungehörigkeit ist). Man hat mich streng darauf hingewiesen, daß das Publikum die Zwanglosigkeit meiner Lebenserinnerungen mit Unwillen betrachten werde. »Ach«, wehrte ich milde ab, »hätte ich denn mit den geheiligten Worten beginnen sollen: ›Ich wurde dann und dann da und da geboren?‹ Die Entlegenheit des Ortes hätte diesem Satz alles Interesse genommen. Ich habe keine wunderbaren Abenteuer erlebt, die *seriatim* mitgeteilt werden könnten. Ich habe keine hervorragenden Persönlichkeiten kennengelernt, über die ich nichtssagende Bemerkungen machen könnte. Ich bin nie in große oder skandalöse Begebenheiten verwickelt gewesen. Es handelt sich hier bloß um eine Art

psychologisches Dokument, das ich nicht einmal in der Absicht geschrieben habe, eigene Schlußfolgerungen vorzulegen.«
Mein Widersacher war damit aber nicht beschwichtigt. Das seien, so meinte er, gute Gründe, überhaupt nicht zu schreiben, aber keine Rechtfertigung dessen, was da schon geschrieben stehe.

Ich gebe zu, daß so ziemlich alles und jedes als Entschuldigung dafür dienen kann, nicht zu schreiben. Da ich sie aber nun einmal niedergeschrieben habe, will ich zu ihrer Rechtfertigung wenigstens sagen, daß diese ohne Rücksicht auf die überkommenen Regeln niedergelegten Erinnerungen nicht ohne sinnvollen Zusammenhalt und ohne Absicht hingeschrieben worden sind. Sie haben ihre Hoffnung und ihr Ziel. Die Hoffnung, daß vor dem Leser dieser Seiten schließlich das Bild einer Persönlichkeit erscheine; ein Bild des Menschen, der hinter so grundverschiedenen Büchern steht wie ›Almayers Wahn‹ und ›Der Geheimagent‹, und der doch eine geschlossene, zu rechtfertigende Persönlichkeit ist sowohl seinem Herkommen als auch seinen Handlungen nach. Dies also ist die Hoffnung. Das unmittelbare Ziel, das eng mit der Hoffnung zusammenhängt, ist, Zeugnis von meinen persönlichen Erinnerungen abzulegen, indem ich wahrheitsgemäß die Empfindungen wiedergebe, welche die Niederschrift meines ersten Buches und meine erste Berührung mit der See begleiteten.

Aus dem bewußt vermischten Widerhall dieser Doppelmelodie wird ein Freund hier und da vielleicht einen subtilen Einklang heraushören.

J. C.

ÜBER MICH SELBST

I

Bücher kann man an allen möglichen Orten schreiben. Die wortbringende Inspiration kann in die Kajüte eines Seemanns an Bord eines Schiffes dringen, das inmitten einer Stadt im Eis des Flusses festgefroren ist; und da von Heiligen vorausgesetzt wird, daß sie ein wohlwollendes Auge auf demütige Gläubige haben, gebe ich mich der angenehmen Vorstellung hin, der Schatten des alten Flaubert – der sich (neben vielem anderen) für einen Abkommen der Wikinger hielt – habe mit belustigter Anteilnahme über den Decks des 2000-Tonnen-Dampfers *Adowa* geschwebt, auf dem, während der unbarmherzige Winter ihn am Kai von Rouen festhielt, das zehnte Kapitel von ›Almayers Wahn‹ begonnen wurde. Ich sage mit Anteilnahme, denn war nicht jener gütige normannische Riese mit dem mächtigen Schnauzbart und der Donnerstimme der letzte Romantiker? War er nicht in seiner weltabgewandten, fast asketischen Hingabe an seine Kunst eine Art heiligmäßiger Eremit der Literatur?

»›Endlich ist sie untergegangen‹, sagte Nina zu ihrer Mutter und zeigte dabei auf die Berge, hinter denen die Sonne versunken war.« Ich erinnere mich, diese Worte der romantischen Tochter Almayers auf einen Block grauen Schreibpapieres gezeichnet zu haben, der auf meiner Koje lag. Sie bezogen sich auf einen Sonnenuntergang im Malaiischen Archipel und nahmen feste Umrisse in meinem Geist an. Wie in einer Halluzination erschienen mir Wälder und Flüsse und Meere, weit entfernt von einer handeltreibenden und dennoch romantischen Stadt der nördlichen Hemisphäre. In jenem Augenblick aber wurde diese Stimmung aus Gesichten und Worten durch den Dritten Offizier zunichte gemacht, einen fröhlichen und unbekümmerten Jungen, der die Tür donnernd hinter sich ins Schloß warf und ausrief: »Sie haben hier ja mächtig geheizt.« Es war wirklich warm. Ich hatte die Dampfheizung angedreht und zuvor eine Blechbüchse unter den undichten Wasserhahn gestellt. Sie wissen vielleicht nicht, daß Wasser austritt, wo Dampf nicht leckt. Ich ahnte nicht, was mein junger Freund den ganzen Vormittag an Deck getrieben hatte, doch seine Hände, die er kräftig aneinander rieb, waren sehr rot, und allein ihr Anblick reichte hin, mich frösteln zu machen. Dieser Dritte Offizier war der einzige Banjospieler, mit dem ich jemals bekannt geworden bin, und da er außerdem der jüngere Sohn eines pensionierten Colonels war, bringt mich eine sonderbare Gedankenverbindung immer wieder zu der Gewißheit, daß Mr. Kiplings Gedicht ganz ausschließlich auf ihn gemünzt ist. Wenn er nicht auf dem Banjo spielte, pflegte er es liebevoll zu betrachten. Auch jetzt begann er diese sentimentale Musterung, und nachdem er, von mir stumm beobachtet, ein Weilchen über den Saiten meditiert hatte, erkundigte er sich nachlässig: »Ist die Frage erlaubt, was Sie da dauernd zu kritzeln haben?« Die Frage war durchaus erlaubt, doch beantwortete ich sie nicht, sondern drehte mit einer Bewegung, die von instinktiver Heimlichtuerei sprach, den Block herum. Ich hätte ihm nicht sagen können, daß er Nina Almayers Seelenleben, ihre Rede zu Beginn des zehnten Kapitels und die weisen Sentenzen der Mrs. Almayer, die beim drohenden Nahen der Tropennacht noch folgen sollten, verscheucht hatte. Ich hätte ihm nicht sagen können, daß Nina soeben festgestellt hatte: »Endlich ist sie untergegangen.« Das hätte ihn außerordentlich überrascht, und vielleicht wäre ihm das kostbare Banjo entglitten. Ich hätte ihm nicht sagen können, daß auch die Sonne meiner Tage auf See im Untergehen begriffen war, während ich noch Worte schrieb von der Ungeduld leidenschaftlicher Jugend, die nur von ihrem Begehren geleitet wird. Ich wußte das selber noch nicht, und man darf gewiß annehmen, daß es ihm einerlei gewesen wäre, obwohl er ein vortrefflicher junger Mensch war und mir mehr Ehrerbietung bezeigte, als mir eigentlich meinem Rang nach zukam.

Er senkte zärtlich den Blick auf sein Banjo, und ich fuhr fort, durchs Bullauge zu schauen. Dessen runde Öffnung bot in messingnem Rahmen einen Ausschnitt der Kais; Fässer in Reihen auf dem hartgefrorenen Boden, dazu das rückwärtige Ende eines großen Lastkarrens. Ein rotnasiger Fuhrmann mit Bluse und wollener Zipfelmütze lehnte gegen eines der Räder. Der müßig auf und ab gehende Zöllner, die blaue *capote* gegürtet, sah niedergeschlagen drein, preisgegeben dem Wetter und der Eintönigkeit beamteter Existenz. Die verschmutzten Häuser gaben in dem von meinem Bullauge gerahmten Bild über den sehr breiten, gepflasterten und mit gefrorenem braunem Matsch bedeckten Kai hinweg den Hintergrund ab. Die Färbung war düster, das auffallendste Detail ein kleines Café mit verhängten Fenstern und einer schäbigen Fassade aus weiß angestrichenen Brettern, die sehr gut zu dem Schmutz paßte, der in diesen ärmeren, an den Fluß stoßenden Vierteln herrschte. Man hatte uns von einem anderen Liegeplatz nahe der Oper weg und hierher gewiesen. Dort hatte ich im gleichen Bullauge den Anblick eines Cafés ganz anderer Art genossen – es war, wie ich glaube, das feinste der Stadt, und noch dazu dasjenige, in welchem sich der treffliche Bovary und seine Gattin, die romantische Tochter des alten Père Renault, nach der denkwürdigen Aufführung einer Oper stärkten, welche die tragische Geschichte der Lucia di Lammermoor, gesetzt in leichte Musik, darbot.

Ich vermochte mir die Traumvorstellung des Östlichen Archipels, den ich wiederzusehen hoffte, nicht mehr zurückzurufen.

Die Geschichte von ›Almayers Wahn‹ verschwand für diesen Tag unter dem Kissen. Ich glaube nicht, daß mich irgendeine Beschäftigung von ihr fernhielt; die Wahrheit ist, daß wir an Bord der *Adowa* gerade zu jener Zeit ein kontemplatives Leben führten. Von meiner privilegierten Stellung will ich gar nicht reden. Ich war ›aus Gefälligkeit‹ anwesend, ganz wie ein Schauspieler von Rang, der in der Benefizvorstellung für einen Freund eine kleine Rolle übernimmt.

Was meine persönliche Neigung angeht, so hatte ich nicht den Wunsch, zu jener Zeit und unter solchen Bedingungen gerade auf jenem Dampfer zu sein. Und vielleicht wurde auch ich dort nicht gewünscht, nicht so jedenfalls, wie für gewöhnlich ein Schiff sich einen Offizier wünscht. Es war das erste und letzte Mal in meinem Leben, daß ich Schiffseignern diente, die in meiner Vorstellung nichts als Schemen geblieben sind. Ich meine damit nicht etwa die bekannte Londoner Maklerfirma, von welcher die, ich sage nicht kurzlebige, sondern eintagsfliegenhafte Franco-Canadian Transport Company das Schiff gechartert hatte.

Sie prosperierte nicht länger, als eine Rose lebt, und anders als die Rose erblühte sie im tiefen Winter, verbreitete eine Art sanften Abenteuerduft um sich und starb, noch ehe es Frühling ward. Doch ohne Zweifel war sie eine Gesellschaft, sie besaß sogar eine Hausflagge von reinem Weiß mit den zu einem kunstvollen Monogramm vereinigten Buchstaben F.C.T.C. darin. Diese Flagge wehte von unserem Großmast, und ich bin jetzt zu dem Schluß gelangt, daß sie die einzige ihrer Art war. Dessen ungeachtet hatten wir an Bord jedoch viele Tage lang den Eindruck, Teil einer mächtigen Flotte zu sein, deren Schiffe alle zwei Wochen nach Montreal und Quebec fuhren, ganz wie es die Handzettel und Prospekte ankündigten, die in einem großen Paket an Bord gekommen waren, ehe wir vom Londoner Victoria-Dock nach Rouen, Frankreich, ausliefen. Und hin-

ter der schemenhaften Existenz der F.C.T.C. verbirgt sich das Geheimnis dieser meiner letzten Betätigung in meinem Beruf, die in einem sehr entfernten Sinne die rhythmische Entwicklung von Nina Almayers Geschichte unterbrach.
Der damalige Sekretär der Londoner Shipmasters' Society mit ihren bescheidenen Räumen in Fenchurch Street war ein Mann von unermüdlicher Aktivität, der seinen Obliegenheiten mit der allergrößten Hingabe nachkam. Er ist für das verantwortlich, was meine letzte Beziehung zu einem Schiff werden sollte. Ich muß es so nennen, weil ich hier wirklich kaum von Seefahrt sprechen kann. Der liebe Captain Froud – es ist einfach unmöglich, ihm den Tribut einer herzlichen Vertraulichkeit über die Entfernung all dieser Jahre hinweg vorzuenthalten – hatte sehr gesunde Ansichten, was die Förderung von Wissen und Geltung des gesamten Offizierskorps der Handelsmarine anbelangte. Er organisierte für uns berufliche Vorträge und Kurse in Erster Hilfe, er korrespondierte fleißig mit öffentlichen Körperschaften und Abgeordneten über Gegenstände, die die Interessen unseres Dienstes berührten; und was nun die etwa bevorstehende Einsetzung von Kommissionen oder die Veranstaltung von Untersuchungen betraf, die sich mit Angelegenheiten der Seefahrt und der Arbeit der Seeleute befassen sollten, so betrachtete er diese als von Gott gesandte Gelegenheiten, sein drängendes Verlangen zu stillen, unseret-halben tätig zu werden. Neben dieser hohen Auffassung von seinen Obliegenheiten verfügte er über eine besondere Liebenswürdigkeit im persönlichen Umgang, über eine starke Neigung, alles erdenkliche Gute den Angehörigen jenes Standes angedeihen zu lassen, dem er zu seiner Zeit als ganz hervorragender Meister angehört hatte. Und kann man einem Seemann eine größere Wohltat erweisen, als ihm einen Arbeitsplatz zu vermitteln? Captain Froud sah nicht ein, weshalb die Shipmasters' Society, abgesehen davon, daß sie ganz allgemein

unsere Interessen wahrnahm, nicht auch inoffiziell eine erstrangige Arbeitsvermittlung betreiben sollte.

»Ich bemühe mich, allen unseren großen Schiffseignern beizubringen, zu uns zu kommen, wenn sie Leute suchen. Unsere Gesellschaft ist weit entfernt davon, eine Gewerkschaft zu sein, und ich sehe nicht, warum die Herren das nicht tun sollten«, sagte er einmal zu mir. »Ich sage auch den Kapitänen immer wieder, daß sie, wann immer möglich, den Mitgliedern unserer Gesellschaft den Vorzug geben sollen. Dank meiner Stellung habe ich fast stets Gelegenheit, die geeigneten Leute unter unseren Mitgliedern oder den assoziierten Mitgliedern zu finden.«

Auf meinen Wanderungen vom Westen nach dem Osten Londons und wieder zurück (damals war ich sehr müßig) bildeten die beiden kleinen Räume in Fenchurch Street eine Art Rastplatz, wo mein Sinn, der nach der See stand, sich den Schiffen, den Männern und dem Leben seiner Wahl nahe fühlen durfte – näher jedenfalls als an jedem anderen Ort des Festlandes. Dieser Rastplatz war gegen fünf Uhr nachmittags für gewöhnlich voll von Männern und Tabakrauch, doch hatte Captain Froud das kleinere der beiden Zimmer für sich, und hier gab er seine privaten Audienzen, bei denen es stets darum ging, jemandem dienstbar zu sein. So winkte er mich denn eines trüben Novembernachmittags mit dem gekrümmten Zeigefinger heran und warf mir jenen sonderbaren Blick über die Brille hinweg zu, der für mich die deutlichste physische Erinnerung an ihn geblieben ist.

»Heute morgen war ein Kapitän bei mir«, sagte er, während er an seinen Schreibtisch trat und mir einen Stuhl anwies, »der einen Offizier braucht. Für einen Dampfer. Sie wissen, daß mir nichts willkommener ist als eine solche Anfrage, nur weiß ich unglücklicherweise nicht...«

Da das Vorzimmer voller Männer war, warf ich einen erstaunten Blick zur Tür, doch er schüttelte den Kopf.

»O ja, ich würde mit Vergnügen die Stelle für einen von denen da draußen nehmen, aber der Kapitän braucht einen Offizier, der fließend französisch spricht, und den findet man nicht so leicht. Außer Ihnen kenne ich keinen einzigen. Es handelt sich um die Stelle des Zweiten Offiziers, und daran haben Sie natürlich kein... oder doch? Ich weiß, es ist nicht das, was Sie eigentlich möchten.«

Das war es wirklich nicht. Ich hatte mich dem Müßiggang eines heimgesuchten Menschen überlassen, der einzig auf Worte aus ist, in die er seine Visionen bannen kann. Ich gebe aber zu, daß ich äußerlich durchaus wirkte wie jemand, der den Zweiten Offizier auf einem von einer französischen Gesellschaft gecharterten Dampfer machen kann. Man sah mir nicht an, daß mich Ninas Schicksal und das Rauschen tropischer Urwälder verfolgten; selbst der Umgang mit Almayer (einem schwachen Charakter) hatte auf meinen Zügen noch keine sichtbaren Spuren hinterlassen. Durch Jahre waren er und die Welt, in der seine Geschichte spielte, die Gefährten meiner Phantasie gewesen, ohne doch, wie ich hoffe, meine Fähigkeit zu beeinträchtigen, mit den Realitäten des Lebens auf See fertig zu werden. Ich schleppte den Mann und seine Umwelt seit meiner Rückkehr aus östlichen Gewässern mit mir herum, und die lag an jenem Tage, von dem ich gerade spreche, etwa vier Jahre zurück.

Es geschah im Wohnzimmer meines Quartiers in Pimlico, daß sie mit einer Anschaulichkeit und Eindringlichkeit wieder zum Leben erwachten, die es in unserer wirklichen Beziehung gar nicht gegeben hatte. Ich hatte mir einen ausgedehnten Landaufenthalt gegönnt, und als ich mich der Notwendigkeit gegenübersah, meine Vormittage auszufüllen, kam mir Almayer (dieser alte Bekannte) edelmütig zu Hilfe. Nicht lange, und es gesellten sich, wie schicklich, seine Frau und seine Tochter zu ihm an meinen Tisch, und danach erschien die gesamte Horde

vom Pantai, reich an Worten und Gebärden. Ohne daß meine ehrenwerte Zimmerwirtin etwas davon ahnte, hatte ich mir angewöhnt, täglich nach dem Frühstück einen bunten Empfang für Malaien, Araber und Mischblütige abzuhalten. Diese Personen verlangten nicht lärmend meine Aufmerksamkeit. Sie näherten sich mit einem stillen, unabweisbaren Anspruch – und dieser Anspruch, das will ich hier wiederholen, galt nicht meiner Selbstliebe oder Eitelkeit. Es scheint mir jetzt, als habe es sich um einen moralischen Anspruch gehandelt, denn warum sollte die Erinnerung an jene Wesen in ihrem sonnenüberfluteten, unbeachteten Dasein verlangen, in Form eines Romans ausgedrückt zu werden, wenn nicht der rätselhaften Verbundenheit wegen, welche alle Erdbewohner zu einer von Hoffnung und Furcht beherrschten Gemeinschaft vereinigt?
Ich empfing meine Besucher nicht mit geräuschvoller Begeisterung als die Bringer von Profit oder Ruhm. Kein Bild eines gedruckten Buches hatte ich vor meinen Augen, wenn ich schreibend an jenem Tische in dem verwahrlosten Bezirk von Belgravia saß. Nach all diesen Jahren, von denen ein jedes in mählich beschwärzten Seiten sein Zeugnis hinterließ, darf ich aufrichtig sagen, daß es ein der Pietät verwandtes Gefühl war, das mich dazu trieb, in gewissenhaft gesetzten Worten das Andenken an weit entfernte Dinge und an Menschen aufzuzeichnen, die gelebt hatten.
Um aber auf Captain Froud und seine fixe Idee zurückzukommen, daß er weder Schiffseigner noch Schiffskapitäne jemals enttäuschen dürfe: es sah nicht so aus, als sollte ich ihn in seinem Ehrgeiz im Stiche lassen, innerhalb weniger Stunden das ungewöhnliche Verlangen nach einem französisch sprechenden Schiffsoffizier zu befriedigen. Er sagte, der Dampfer sei von einer französischen Gesellschaft gechartert, die beabsichtige, zum Zwecke des Transportes französischer Auswanderer einmal monatlich die Schiffsverbindung von Rouen nach

Kanada aufzunehmen. Offen gestanden interessierten diese Erläuterungen mich wenig. Ich erwiderte gemessen, wenn es sich wirklich darum handele, den Ruf der Shipmasters' Society zu wahren, wolle ich die Sache überdenken. Dieses Überdenken geschah jedoch einzig der Form wegen. Am folgenden Tage suchte ich den Kapitän auf, und ich glaube, wir fanden beide Gefallen aneinander. Er erklärte mir, sein Erster Offizier sei ein in jeder Hinsicht hervorragender Mann, er dürfe nicht daran denken, ihn zu entlassen und mir die höhere Stelle anzutragen, ich könne aber, sollte ich mich entschließen, als Zweiter Offizier an Bord zu kommen, mit gewissen besonderen Vergünstigungen rechnen – und so weiter.

Ich sagte, falls ich überhaupt anheuere, solle es mir auf den Rang nicht allzusehr ankommen.

»Ich bin überzeugt davon, daß Sie sich ausgezeichnet mit Mr. Paramor vertragen werden«, beharrte er.

Ich versprach treulich, mindestens zwei Reisen mitzumachen, und so begann meine letzte Beziehung zu einem Schiff. Und schließlich kam es nicht einmal zu einer einzigen Reise. Es mag sein, daß sich damit bloß das Schicksal erfüllte, jener Wahrspruch auf meiner Stirn, der es mir offenbar verbot, in all meinen Jahren auf See die Überquerung des westlichen Ozeans zu bewerkstelligen. Das neue Leben ging unmittelbar aus dem alten hervor, und die neun Kapitel von ›Almayers Wahn‹ begleiteten mich zum Victoria-Dock, von wo wir etliche Tage später nach Rouen ausliefen. Ich will nicht so weit gehen zu behaupten, einzig und allein die Anstellung eines Mannes, dem es bestimmt war, niemals den westlichen Ozean zu überqueren, sei der Grund dafür gewesen, daß die Franco-Canadian Transport Company nicht eine einzige Überfahrt zustande brachte. Selbstverständlich mag dies der Grund gewesen sein, doch die auf der Hand liegende ganz ordinäre Ursache war Geldmangel. Während wir im Victoria-Dock lagen, bauten fleißige Zimmerleute im Mitteldeck vierhundertsechzig Schlafplätze für Auswanderer, doch in Rouen tauchte auch nicht ein einziger Auswanderer auf, worüber ich, als ein menschlich empfindendes Wesen, recht glücklich war, wie ich gestehe. Es erschienen allerdings einige Herren aus Paris – ich glaube insgesamt drei, von denen einer angeblich der Vorsitzer war –, durchwanderten das Schiff von einem Ende zum anderen und beulten ihre Zylinderhüte gräßlich an den Decksbalken ein. Ich kümmerte mich persönlich um sie und kann mich dafür verbürgen, daß sie eine ausgesprochen intelligente Anteilnahme zeigten, obschon sie augenscheinlich nie zuvor etwas Derartiges gesehen hatten. Als sie an Land gingen, zeigten ihre Mienen einen ungemein fröhlich-unentschiedenen Ausdruck. Obgleich diese feierliche Inspektion den Auftakt zu unserer sofortigen Abreise bilden sollte, geschah es gerade in dem Augenblick, als die Herren über unsere Gangway an Land schritten, daß mich die Vorahnung überkam, eine Seereise, wie sie in unserer Charter vorgesehen war, werde nie zustandekommen.

Es muß erwähnt werden, daß nach weniger als drei Wochen eine Ortsveränderung stattfand. Bei unserer Ankunft hatte man uns mit großem Pomp so recht im Herzen der Stadt einen Liegeplatz zugewiesen, und da überall in der Stadt die dreifarbigen Plakate klebten, welche die Geburt unserer Gesellschaft anzeigten, machten der *petit bourgeois*, seine Frau und seine Kinder sich einen Festtag, indem sie unser Schiff besichtigten. Ich stand stets in meiner besten Uniform zur Verfügung, um Auskünfte zu erteilen, ganz wie ein von Cook den Touristen gestellter Dolmetscher, während unsere Quartermaster eine kleine Ernte aus Scheidemünze einfuhren, die sie den unter ihrer persönlichen Führung veranstalteten Rundgängen verdankten. Doch als die Ortsveränderung eintrat – jene Veränderung, die uns etwa anderthalb Meilen stromab und vor einen schmuddeligen, verwahrlosten Kai führte – da wurde nun wirklich trostlose Einsamkeit unser Teil. Es handelte sich dabei um eine vollständige, lautlose Stagnation, denn das Schiff war bis in den letzten Winkel hinein seeklar, starker Frost herrschte, die Tage waren kurz, und wir hatten nichts zu tun. Nicht das allergeringste, so daß wir vor Scham erröteten, wenn uns einfiel, wie gleichwohl die ganze Zeit unsere Löhnung weiterlief. Der junge Cole war besonders betrübt, weil man, wie er sagte, sich nach einem derart vertrödelten Tag am Abend schlechterdings nicht amüsieren könne. Selbst das Banjo verlor seinen Reiz für ihn, denn nichts hinderte ihn daran, zwischen Mahlzeit und Mahlzeit unaufhörlich darauf zu spielen. Der gute Paramor – er war wirklich ein prächtiger Mensch – wurde so unglücklich, wie es ihm bei seiner heiteren Veranlagung möglich war, bis ich eines trüben Tages aus reiner Bosheit vorschlug, er möge die schlafenden Energien der Besatzung nutzbar machen, indem er die beiden Ankerketten aufholen und an Deck umkehren lasse.

Einen Augenblick lang strahlte Mr. Paramor. »Ausgezeichneter Einfall!« Doch gleich darauf machte er ein langes Gesicht. »Tja... schön! Aber länger als drei Tage können wir die Leute nicht damit beschäftigen«, murmelte er unzufrieden. Ich weiß nicht, wie lange wir seiner Erwartung nach auf dem Flusse vor Rouen liegenbleiben sollten, wohl aber weiß ich, daß in Befolgung meines satanischen Vorschlages die Ankerketten aufgeholt, umgedreht, wieder verstaut und sicherlich völlig vergessen wurden, bis ein französischer Flußlotse an Bord kam, um uns, so leer wie wir eingelaufen waren, auf die Reede von Le Havre zu dirigieren. Man könnte nun denken, dieser Zustand erzwungener Untätigkeit hätte die Geschicke Almayers und Ninas in Bewegung gebracht. Allein, so war es nicht. Die weiter oben geschilderte Unterbrechung durch meinen banjospielenden Mitbewohner hatte ihren Lebenslauf im

Augenblick des bedeutungsschweren Sonnenuntergangs auf viele Wochen hinaus wie durch Zauberspruch erstarren lassen. So ging es immer mit diesem Buch, das ich 1889 begann und 1894 beendete – mit diesem kürzesten aller Romane, die zu schreiben mein Los war. Zwischen den Eröffnungssatz, der Almayer mit der Stimme seiner Frau zum Essen ruft, und die stumme Anrufung Allahs ›Des Gnädigen! Des Barmherzigen!‹ durch Abdullah (seinen Feind) –, mit der das Buch schließt, sollten sich mehrere lange Seereisen schieben, dazu eine Einkehr (um das der Sache angemessene gehobene Vokabular zu benutzen) auf den Schauplätzen (einigen) meiner Kindheit und die Verwirklichung jener kindlich vermessenen Behauptung, in der sich eine leichtherzige, romantische Laune ausdrückte.

Als ich im Alter von ungefähr neun Jahren eine zeitgenössische Landkarte Afrikas betrachtete, legte ich den Finger auf den weißen Fleck, der damals das ungelöste Rätsel dieses Kontinentes darstellte, und versprach mir mit absoluter Selbstsicherheit und staunenswerter Dreistigkeit, die beide mir heute nicht mehr zur Verfügung stehen: »*Dort* will ich hin, wenn ich mal groß bin.«

Und selbstverständlich dachte ich nicht mehr daran, bis sich nach etwa einem Vierteljahrhundert die Gelegenheit bot, dorthin zu fahren – als sollte die Sünde kindischer Dreistigkeit über mein gereiftes Haupt kommen. Jawohl, ich reiste dorthin, *dorthin* – das war die Umgebung von Stanley Falls, die im Jahre 1886 der leerste aller leeren Flecken auf der dargestellten Erdoberfläche war. Und das Manuskript von ›Almayers Wahn‹, das ich wie einen Schatz oder Talisman mit mir herumschleppte, reiste mit *dorthin*. Daß es je wieder von *dorther* zum Vorschein kam, muß eine besondere Veranstaltung der Vorsehung sein, denn ein gut Teil meiner sonstigen Besitztümer, die unendlich viel wertvoller und nützlicher für mich waren, blieb auf Grund unglückseliger Zwischenfälle beim Transport zurück. Ich erinnere hier an eine besonders ungemütliche Biegung des Kongo zwischen Kinchassa und Leopoldville – noch ungemütlicher, wenn man sie bei Nacht in einem großen Kanu zu bewältigen hatte, das nur mit halber Bemannung gepaddelt wurde. Ich verpaßte die Gelegenheit, als zweiter amtsbekannter Weißer an dieser hochinteressanten Stelle beim Kentern des Kanus zu Tode zu kommen. Der erste war ein junger belgischer Offizier gewesen, der Unfall geschah Monate vor meiner Zeit, und ich glaube, auch dieser Mann war auf der Heimreise; vielleicht nicht ganz so krank wie ich, aber doch immerhin auf der Heimreise. Ich brachte die Flußbiegung mehr oder weniger lebend hinter mich, wenn auch so krank, daß es mir einerlei war, und immer noch mit ›Almayers Wahn‹ in dem ständig leichter werdenden Gepäck erreichte ich die köstliche Kapitale Boma, wo ich bis zur Abfahrt meines Dampfers reichlich Gelegenheit fand, mich von ganzem Herzen wieder und wieder tot zu wünschen. Zu jenem Zeitpunkt waren von ›Almayers Wahn‹ erst sieben Kapitel vorhanden, und das Kapitel, das in meiner eigenen Lebensgeschichte folgte, war das einer langen, langen Krankheit und einer trostlosen Rekonvaleszenz. Genf, oder besser die Wasserheilanstalt von Champel, genießt für ewige Zeiten den Ruhm, Schauplatz der Beendigung des achten Kapitels in der Erzählung von Almayers Aufstieg und Fall zu sein. Die Vorgänge des neunten Kapitels sind unentwirrbar mit den Details der sachgerechten Beaufsichtigung eines am Fluß gelegenen Lagerhauses verknüpft, das im Eigentum einer gewissen, in der Londoner City ansässigen Firma stand, deren Name hier nichts zur Sache tut. Diese Arbeit jedoch, die unternommen worden war, um mich an eine gesunde, tätige Existenz zu gewöhnen, fand bald ihr Ende. Das Festland besaß nichts, was mich auf die Dauer zu binden vermochte. Und so wurde denn diese denkwürdige Erzählung wie ein Fäßlein des ausgesuchtesten Madeiraweines drei Jahre lang auf den Weltmeeren herumgefahren. Selbstverständlich möchte ich mich nicht darüber äußern, ob diese Behandlung seine Würze verbesserte oder nicht. Was die äußere Erscheinung anging, kann von Verbesserung allerdings keine Rede sein. Das Manuskript nahm ein ausgebleichtes Aussehen, eine Art Verfärbung ins Gelbliche an. Endlich schien der Gedanke absurd, daß auf dieser Welt noch jemals etwas mit Almayer und Nina vorgehen könne. Und doch sollten sie aus ihrem todähnlichen Schlaf durch ein Ereignis erweckt werden, dessen Eintreten auf hoher See im höchsten Grade unwahrscheinlich war.

Wie sagt doch Novalis? »Es ist gewiß, daß eine Meinung sehr viel gewinnt, sobald ich weiß, daß jemand davon überzeugt ist, sie wahrhaft annimmt.« Und was ist ein Roman anders als die Überzeugung vom Vorhandensein unseres Mitmenschen; eine Überzeugung, stark genug, für ein imaginiertes Leben einzustehen, das verständlicher als die Wirklichkeit ist und dessen in ausgewählten Episoden zusammengetragene Wahrscheinlichkeit den Stolz der dokumentierten Historie beschämt? Die Vorsehung, die mein Manuskript vor den Stromschnellen des Kongo bewahrte, gab es auf hoher See einer hilfsbereiten Seele zur Kenntnis. Es wäre die denkbar größte Undankbarkeit meinerseits, wenn ich je das blasse, eingesunkene Gesicht und die tiefliegenden dunklen Augen dieses jungen Absolventen der Universität Cambridge vergäße (er machte die Reise nach Australien auf dem guten Schiff *Torrens* seiner Gesundheit wegen), welcher der erste Leser von ›Almayers Wahn‹ – mein erster Leser überhaupt wurde. »Würde es Sie sehr langweilen, ein von mir verfaßtes Manuskript zu lesen?« fragte ich ihn eines Abends impulsiv am Ende einer langen Unterhaltung, deren Gegenstand Gibbons Geschichtswerk gewesen war. Jacques (so hieß er) war während einer stürmischen Hundewache bei mir in der Kajüte geblieben,

nachdem er mir aus seiner Reisebibliothek ein Buch gebracht hatte.
»Aber gar nicht«, sagte er in seinem höflichen Ton und lächelte dabei ein wenig. Als ich eine Schublade aufzog, verlieh die plötzlich geweckte Neugier seinem Gesicht einen wachsamen Ausdruck. Ich frage mich, was er wohl zu sehen erwartete. Vielleicht ein Gedicht. Das alles liegt aber jenseits aller Vermutung. Er war kein kalter, aber ein ruhiger Mensch, noch gedämpfter in seinem Gebaren durch seine Krankheit, im Umgang wortkarg, unaufdringlich und bescheiden, doch war in seinem Wesen etwas Ungewöhnliches, das ihn von den übrigen sechzig unbedeutenden Passagieren deutlich unterschied. In seinen Augen war ein gedankenvoller, nach innen gerichteter Ausdruck. Er fragte in seiner anziehenden, zurückhaltenden Weise mit der verschleierten, angenehmen Stimme: »Was ist das?«
»Es ist eine Art Erzählung«, erwiderte ich mühsam. »Sie ist nicht einmal fertig. Trotzdem möchte ich wissen, was Sie davon halten.« Er steckte das Manuskript in die Brusttasche seiner Jacke. Ich sehe noch genau die dünnen, gebräunten Finger, die es der Länge nach falteten. »Ich werde es morgen lesen«, sagte er dabei, packte die Türklinke, paßte im Schlingern des Schiffes den geeigneten Moment ab, öffnete die Tür und war verschwunden. Im Augenblick seines Abganges vernahm ich das langgezogene Jaulen des Windes, das Klatschen der Wellen, die über das Deck der *Torrens* wuschen, und das gedämpfte, wie entfernte Brüllen der aufgewühlten See. Ich hörte die wachsende Unruhe in der großen Bewegtheit des Ozeans und reagierte seemännisch mit dem Gedanken, daß um acht Uhr, also in spätestens einer halben Stunde, die Oberbramsegel weggenommen werden müßten.
Am Tage darauf, diesmal aber in der ersten Hundewache, betrat Jacques meine Kajüte. Um den Hals trug er einen dicken

wollenen Schal und in der Hand das Manuskript. Er hielt es mir hin, sah mich dabei unverwandt an, sagte aber kein Wort. Ich nahm es schweigend entgegen. Er setzte sich aufs Sofa und sagte immer noch nichts. Ich öffnete und schloß eine Schublade meines Schreibtisches, auf dessen Platte das Wachbuch weit geöffnet in seinem Holzrahmen lag und darauf wartete, daß ich seine Angaben säuberlich in jene Art Buch übertrage, das zu schreiben ich gewöhnt war, das Logbuch des Schiffes. Ich kehrte dem Schreibtisch ostentativ den Rücken zu, doch auch jetzt sagte Jacques nichts. »Nun, was halten Sie davon?« fragte ich schließlich. »Lohnt es, das zu Ende zu schreiben?« Diese Frage drückte genau all das aus, was mir im Sinne lag.

»Unbedingt«, erwiderte er mit seiner gelassenen verschleierten Stimme und hustete ein wenig.

»Hat es Sie interessiert?« fragte ich weiter, beinahe flüsternd.

»Sehr!«

In der folgenden Pause paßte ich mich instinktiv dem heftigen Rollen des Schiffes an, während Jacques die Füße aufs Sofa legte. Der Vorhang vor meiner Koje schwang hin und her wie eine Punkah, die Schottlampe kreiste in ihrem Doppelring, und die Kajütentür erzitterte gelegentlich unter den Windstößen. Soweit ich mich erinnere, fanden diese stillen Riten der Auferstehung Almayers und Ninas etwa auf vierzig Grad südlicher Breite und auf dem Längengrad von Greenwich statt.

In dem fortdauernden Schweigen fiel mir ein, daß die Geschichte, soweit sie vorlag, eine Menge rückblickender Schilderung enthielt. Ist die Handlung verständlich? fragte ich mich, und es war, als werde der Erzähler bereits in den Leib des Seemannes hineingeboren. Doch hörte ich von Deck her die Signalpfeife des Wachoffiziers, und meine Aufmerksamkeit galt ganz dem Befehl, der auf den ankündigenden Pfiff folgen mußte. Er klang als gedämpfter, wilder Ruf an mein Ohr: »Rahen vierkant brassen!« ›Aha‹, dachte ich, ›da kommt ein Weststurm auf.‹ Dann wandte ich mich meinem allerersten Leser zu, der, ach, nicht lange genug leben sollte, um das Ende der Geschichte zu erfahren.

»Erlauben Sie mir noch eine Frage: ist Ihnen die Erzählung, so wie sie dasteht, verständlich?«

Er hob die dunklen, sanften Augen und schien überrascht. »Ja! Durchaus!«

Dies war alles, was ich von ihm über die Meriten von ›Almayers Wahn‹ vernehmen sollte. Wir unterhielten uns nie wieder über dieses Buch. Es trat eine ausgedehnte Schlechtwetterperiode ein, und ich dachte an nichts als an meine Arbeit, während der arme Jacques sich auf den Tod erkältete und in der Kajüte bleiben mußte. Nach unserer Ankunft in Adelaide reiste der erste Leser meiner Prosa sogleich ins Inland und starb recht plötzlich entweder in Australien, vielleicht aber auch auf der Heimfahrt durch den Suezkanal. Ich weiß jetzt nicht genau, was von beiden richtig ist, ich glaube auch nicht, daß ich es je zuverlässig erfahren habe, obgleich ich mich nach ihm bei einigen unserer Passagiere erkundigte, die mit uns zurückfuhren und ihn, während das Schiff im Hafen lag, bei ihren Wanderungen »zur Besichtigung des Landes« hier und dort getroffen hatten. Schließlich traten wir die Heimreise an, und immer noch war nicht eine Zeile zu dem lässigen Gekritzel auf den vielen Seiten hinzugekommen, die zu lesen der arme Jacques die Geduld aufgebracht hatte, während doch die Schatten der Ewigkeit sich bereits in den Höhlen seiner sanften, festblickenden Augen verdichteten.

Der Antrieb, den er mir durch sein schlichtes und endgültiges »unbedingt« vermittelt hatte, wartete reglos, aber lebendig seine Gelegenheit ab. Ich darf wohl sagen, daß ich unter dem Zwang stehe, jetzt Buch auf Buch zu schreiben, wie ich vor Jahren unter dem Zwang stand, zur See zu gehen und eine Reise nach der anderen zu machen. Zeile muß auf Zeile folgen, wie in vergangenen Tagen Meile auf Meile, weiter und weiter dem vorgesetzten Ende zu, das, da es die Wahrheit ist, Eines ist für alle Menschen und alle Berufe.

Ich weiß nicht, welcher dieser beiden Impulse mir rätselhafter und wunderbarer erschienen ist. Doch mußte ich, um zu schreiben, ebenso die Gelegenheit abwarten, wie um zur See zu gehen. Ich will hier gestehen, daß ich nicht zu jenen großartigen Burschen gehört habe, die rein zum Spaß in einer Badewanne in See stechen, und wenn ich mich in dieser Hinsicht meiner Konsequenz rühmen darf, so gilt für mein Schreiben das gleiche. Wie ich höre, gibt es Menschen, die in Eisenbahncoupés schreiben können, und sie könnten es wohl auch im Schneidersitz auf der Wäscheleine. Ich jedoch muß gestehen, daß meine sybaritische Veranlagung mich am Schreiben hindert, wenn ich nicht wenigstens so etwas Ähnliches wie einen Stuhl habe. ›Almayers Wahn‹ entstand eher Zeile um Zeile als Seite um Seite.

Und so geschah es, daß ich das Manuskript, das nun bereits bis zu den ersten Worten des neunten Kapitels gediehen war, beinahe auf dem Bahnhof Friedrichstraße (der bekanntlich in Berlin ist) verlor. Auf dem Wege nach Polen, oder genauer nach der Ukraine, mußte ich an einem frühen, verschlafenen Morgen eilig umsteigen. In einem Erfrischungsraum ließ ich meine Reisetasche stehen. Ein verdienstvoller und gescheiter ›*Kofferträger*‹ rettete sie. In meiner Angst hatte ich aber gar nicht an das Manuskript gedacht, sondern einzig an all die anderen Dinge, die die Tasche enthielt.

In Warschau, wo ich zwei Tage verbrachte, erblickten die umherwandernden Seiten nicht das Licht, das heißt sie wurden einmal dem Licht einer Kerze ausgesetzt, als die Tasche geöffnet auf einem Stuhl stand. Ich zog mich gerade eilig um, weil ich zum Essen in einem Sportklub geladen war. Ein Freund aus meinen Kindertagen (er war im diplomatischen Dienst gewesen, hatte sich dann aber dem Anbau von Weizen auf der väterlichen Scholle zugewandt, und wir hatten einander mehr als zwanzig Jahre nicht gesehen) saß auf dem Hotelsofa und wartete darauf, mich hinzuführen.

»Erzähl mir doch etwas aus deinem Leben, während du dich anziehst«, schlug er freundlich vor.

Ich glaube nicht, daß ich ihm viel von meiner Lebensgeschichte erzählt habe, damals nicht und auch später nicht. Das Gespräch der erlesenen kleinen Gesellschaft, in die er mich zum Essen mitnahm, war ungemein angeregt und umfaßte beinahe alle erdenklichen Themen unter der Sonne, angefangen von der Großwildjagd in Afrika und aufgehört bei dem letzten Gedicht in einer sehr modernistischen Zeitschrift, die von sehr jungen Leuten herausgegeben und von der feinsten Gesellschaft begönnert wurde. Auf ›Almayer‹ kam man indessen nicht zu sprechen, und am nächsten Morgen machte sich dieser mein unzertrennlicher Gefährte als ein nach wie vor völlig Unbekannter mit mir nach Südosten ins Gouvernement Kiew auf.

Damals brauchte man für den Weg von der Bahnstation zu dem Landhaus, das mein Bestimmungsort war, acht Stunden, wenn nicht mehr.

»Dear boy« (diese Worte wurden immer in englischer Sprache geschrieben) – stand in dem Brief, den ich aus jenem Haus nach London erhalten hatte –, »laß dich zu dem einzigen Gasthaus am Platze fahren, speise dort so gut du kannst, und im Laufe des Abends wird sich dann mein Leibdiener, Faktotum und Majordomus bei dir melden, ein Herr V. S. (ich mache dich darauf aufmerksam, daß er von adliger Herkunft ist), und dir die Ankunft eines kleinen Schlittens anzeigen, der dich am folgenden Tage herbringen soll. Ich schicke dir durch ihn meinen schwersten Pelz, der dich, wie ich hoffe, im Verein mit etwa vorhandenen eigenen Mänteln davor bewahren wird, unterwegs zu erfrieren.«

Und siehe, als ich, von einem jüdischen Kellner bedient, in einem riesigen scheunenähnlichen Schlafzimmer, dessen Dielen frisch gestrichen waren, beim Essen saß, ging die Tür auf, und herein trat mit einem Ausdruck der Verwunderung auf seinem offenen, schnurrbärtigen Gesicht, im Reisekostüm aus langen Stiefeln, schwerer Pelzmütze und kurzem, ledergegürtetem Rock und etwa fünfunddreißig Jahre alt, jener Herr V. S. (von adliger Herkunft). Ich erhob mich von Tische und begrüßte ihn in polnischer Sprache mit, wie ich hoffe, genau dem Maß an Achtung, auf die seine adlige Abkunft und seine Vertrauensstellung Anspruch machen konnten. Darauf erhellte seine Miene sich ganz wunderbar. Es erwies sich, daß der gute Mann trotz aller Versicherungen meines Onkels bezweifelt hatte, daß wir uns würden verständigen können. Er hatte sich vorgestellt, ich werde in einer fremden Sprache mit ihm reden. Ich erfuhr, daß er noch beim Einsteigen in den Schlitten, der ihn zu mir bringen sollte, den besorgten Ausruf getan hatte: »Also schön! Ich fahre, aber Gott allein weiß, wie ich mich dem Neffen des Herrn verständlich machen soll.«

Wir verstanden einander vom ersten Augenblick an sehr gut. Er nahm mich unter seine Fittiche, als sei ich noch nicht ganz erwachsen. Als er mich am folgenden Morgen in einen mächtigen Reisemantel aus Bärenfell einmummelte und beschützerisch den Platz neben mir einnahm, hatte ich das herrliche Gefühl, ein Junge zu sein, der auf Ferien heimkommt. Der Schlitten war sehr klein und wirkte hinter den vier großen Braunen, die paarweise eingespannt waren, geradezu winzig, fast wie ein Spielzeug. Wir beide und der Kutscher füllten ihn gänzlich aus. Der Kutscher war ein junger Mann mit hellen, blauen Augen; der hohe Kragen seiner Pelzlivree schützte das muntere Gesicht und reichte ihm rundherum bis an die Haare.

»Sag, Joseph«, sprach mein Begleiter ihn an, »glaubst du, daß wir bis um sechs nach Hause kommen werden?« Der Kutscher antwortete, dies sei mit Gottes Hilfe gewiß, vorausgesetzt, wir stießen nicht auf Schneeverwehungen zwischen etlichen weit auseinander gelegenen Dörfern, deren Namen mit großer Vertrautheit an mein Ohr drangen. Er erwies sich als ein ausgezeichneter Kutscher, der sich instinktiv zwischen den schneebedeckten Feldern auf der Straße hielt und es verstand, alles aus den Pferden herauszuholen.

»Er ist der Sohn jenes Joseph, an den der Herr Kapitän sich erinnern werden, der, welcher die verstorbene Großmutter, seligen Angedenkens, des Herrn Kapitän zu kutschieren pflegte«, bemerkte V. S., während er meine Füße in Pelzdecken einhüllte.

Ich erinnerte mich genau des vertrauenswürdigen Joseph, der meine Großmutter zu kutschieren pflegte, war doch er es gewesen, der mir erlaubt hatte, zum erstenmal in meinem Leben die Zügel zu halten und vor der Tür der Wagenremise mit der großen Peitsche zu spielen.

»Was ist aus ihm geworden?« fragte ich. »Er dient wohl nicht mehr?«

»Er hat unserem Herrn gedient«, war die Antwort, »doch ist er vor jetzt zehn Jahren an der Cholera verstorben – wir hatten doch eine schwere Epidemie. Und die Frau starb zur gleichen Zeit – alle, die zum Haus gehörten, starben, bis auf diesen Jungen hier.«

Das Manuskript von ›Almayers Wahn‹ ruhte in der Reisetasche unter unseren Füßen.

Wieder sah ich die Sonne über der Ebene untergehen, wie ich es auf Reisen in meinen Kindertagen gesehen hatte. Sie versank hell und rot und in ihrer ganzen Größe im Schnee, und es war wie ein Sonnenuntergang auf See. Dreiundzwanzig Jahre war es her, seit ich die Sonne über jenem Lande hatte untergehen sehen; und wir fuhren weiter durch die Dunkelheit, die sich schnell über die bleiche Ebene aus Schnee legte, bis sich aus der weißen Wüste, die an den bestirnten Himmel stieß, schwarze Umrisse hoben, Baumgruppen, die ein Dorf in der ukrainischen Ebene umstanden. Hütten glitten vorüber, dann eine niedrige, schier endlose Mauer, schließlich schimmerte durch einen Vorhang von Fichtenzweigen das Licht des Herrenhauses.

Noch am gleichen Abend wurde das Manuskript von ›Almayers Wahn‹ ausgepackt und unauffällig auf den Schreibtisch meines Zimmers gelegt, des Gastzimmers, das, wie man mir in gemacht lässigem Ton mitteilte, seit etwa fünfzehn Jahren auf mich wartete. Das Manuskript erregte nicht die Aufmerksamkeit dessen, der mit immer gütiger Gegenwart den Sohn der Lieblingsschwester umgab.

»Du wirst nicht viel Zeit für dich haben, während du bei mir zu Besuch bist, Bruder«, sagte er – die Anrede war der Sprechweise unserer Bauern entlehnt, die damit gewöhnlich in einem Augenblick zärtlicher Hochgestimmtheit ihrer guten Laune Ausdruck geben. »Ich werde zu allen Tages- und Nachtzeiten auf ein Schwätzchen hereinkommen.«

Tatsache war, daß wir zum Schwatzen das ganze Haus zur Verfügung hatten und doch unablässig einer den anderen bedrängte. Ich brach in die Zurückgezogenheit seines Arbeitszimmers ein, wo der auffälligste Gegenstand eine mächtige Schreibgarnitur aus Silber war, ein Geschenk zu seinem fünfzigsten Geburtstag, für das alle seine damals lebenden Mündel Geld zusammengelegt hatten. Er war der Vormund vieler Waisen von Gutsbesitzern der drei südlichen Provinzen gewesen – seit jenem Jahre 1860. Einige von ihnen sind mit mir zusammen zur Schule gegangen, doch keiner davon, weder Junge noch Mädchen, hat meines Wissens je einen Roman geschrieben. Einer oder zwei waren älter als ich – erheblich älter sogar. Einer, ein Besucher, dessen ich mich aus meiner frühen Kindheit erinnerte, war der Mann, der mich zum erstenmal auf ein

Pferd gesetzt hatte. Sein vierspänniges Junggesellengefährt, seine beispielhafte Art, mit Pferden umzugehen, seine Geschicklichkeit auf allen möglichen Gebieten erregten meine frühe Bewunderung. Mir ist, als erinnerte ich mich daran, daß meine Mutter unter der Kolonnade vor dem Eßzimmerfenster stehend zusah, wie ich auf das Pferd gehoben wurde und dort sehr wohl von dem gleichen Joseph mag festgehalten worden sein – dem Pferdeburschen, der einzig bei meiner Großmutter Dienst tat –, eben jenem, der an der Cholera starb. Ganz gewiß war es ein junger Mann in dunkelblauem kurzem Rock ohne Schöße und weiten Kosakenhosen, denn das war dazumal die Livree des Stallpersonals. Das muß um 1864 gewesen sein, und nach einem anderen Zeitmaß gerechnet, war es ganz gewiß das Jahr, in dem meine Mutter die Erlaubnis erhielt, von dem Verbannungsort aus, in den sie meinem Vater gefolgt war, nach Süden zu reisen und ihre Familie zu besuchen. Auch um die Erlaubnis, meinem Vater zu folgen, hatte sie einkommen müssen, und ich weiß noch, daß ihr diese Gunst unter anderem nur gewährt wurde, nachdem sie eingewilligt hatte, die gleiche Behandlung zu erdulden, die den Verbannten zuteil wurde. Doch zwei Jahre später gelang es einigen einflußreichen Persönlichkeiten unter Hinweis auf das Andenken an ihren frühverstorbenen älteren Bruder, der im Leibregiment gedient und in der großen Welt von Sankt Petersburg viele Freunde hinterlassen hatte, ihr die Erlaubnis zu erwirken, den Verbannungsort auf drei Monate zu verlassen – offiziell nannte man das einen »Allerhöchsten Gnadenerweis«.

Es ist dies auch das Jahr, in dem ich mich meiner Mutter nicht mehr nur als einer liebenden, breitstirnigen, stillen, schützenden Gegenwart entsinne, deren Augen einen Ausdruck befehlender Sanftheit hatten; ich weiß auch noch, daß sich die Verwandten aus nah und fern versammelten, daß die grauen Häupter der Freunde der Familie ihr im Hause des Lieblings-

bruders, der nur wenige Jahre später an die Stelle meiner Eltern treten sollte, Achtung und Liebe erwiesen.
Ich begriff damals nicht die tragische Bedeutung all dieser Vorgänge, obgleich ich mich daran erinnere, daß auch Ärzte anwesend waren. Es war ihr nicht anzusehen, daß sie leidend war – doch ich glaube, man hielt sie schon damals für unheilbar, es sei denn, die Übersiedlung in ein südlicheres Klima vermöchte den abnehmenden Kräften noch einmal aufzuhelfen. Mir erscheint diese Zeit als die glücklichste meines Lebens. Da war meine Cousine, ein entzückendes, leidenschaftliches kleines Mädchen, etliche Monate jünger als ich, deren Leben, das so liebevoll gehütet wurde wie das einer Prinzessin, in seinem fünfzehnten Jahr endete. Auch andere Kinder waren anwesend, von denen viele jetzt schon verstorben sind, und gar nicht wenige, deren Namen ich vergessen habe. Auf allem lastete der Schatten des Großrussischen Reiches, ein Schatten, noch düsterer gemacht durch die Schwärze eines neugeborenen nationalen Hasses, den die Moskauer Journalistenschule nach dem unheilvollen Aufstand von 1863 gegen die Polen schürte.
Das liegt nun recht weit ab von ›Almayers Wahn‹, doch daß ich über diese formenden Eindrücke berichte, hat seine Ursache nicht in der Launenhaftigkeit eines schwerblütigen Egoisten. Diese Eindrücke sind ein Stück Leben, dessen Anruf nur noch matt aus großer Ferne herandringt. Es gehört sich, daß den Kindern des Romanciers etwas mehr hinterlassen werde als die Farben und Konturen seiner eigenen, mühsam erschaffenen Werke. Was in ihren reiferen Jahren der Umwelt als die rätselhafteste Seite ihres Charakters erscheinen und ihnen selbst vielleicht für immer dunkel bleiben wird, ist ihr unbewußtes Antworten auf die lautlose Stimme jener unerbittlichen Vergangenheit, der die Werke seiner Phantasie und ihre Persönlichkeiten mittelbar entstammen.
Nur in der Vorstellungskraft des Menschen findet jede Wahr-

heit ein wirkungsvolles und nicht zu widerlegendes Dasein. Die Vorstellungskraft, nicht die Erfindung, ist die Herrscherin über die Kunst wie über das Leben. Eine einfallsreiche und genaue Wiedergabe authentischer Erinnerungen mag jenem Geist der Pietät allem Menschlichen gegenüber wertvolle Dienste leisten, der die Konzeptionen eines Erzählers und die Empfindungen des Mannes gutheißt, der seine eigenen Erfahrungen überblickt.

II

Wie ich schon sagte, packte ich nach einer Reise von London in die Ukraine meine Koffer aus. Das Manuskript von ›Almayers Wahn‹ – seit drei Jahren oder länger schon mein Gefährte und neun Kapitel alt – wurde unauffällig auf den Schreibtisch gelegt, der zwischen zwei Fenstern stand. Es fiel mir nicht ein, es in eine der Schubladen zu tun, mit denen der Tisch versehen war, doch wurden meine Augen von der guten Form ihrer messingnen Griffe gefesselt. Zwei Kandelaber, jeder mit vier Kerzen bestückt, erleuchteten festlich das Zimmer, das so viele Jahre den wandernden Neffen erwartet hatte. Die Vorhänge waren geschlossen.

Keine fünfhundert Meter von dem Stuhl entfernt, auf dem ich saß, stand die erste bäuerliche Hütte des Dorfes – Teil des Landgutes meines Großvaters mütterlicherseits, der einzige Teil, der im Besitz eines Familienmitgliedes geblieben war; hinter dem Dorf, in der endlosen Schwärze der Winternacht, lagen die ausgedehnten, uneingezäunten Felder – keine strenge, flache Ebene, sondern ein freundliches brotspendendes Land voll kleiner gerundeter Erhebungen, ganz weiß jetzt, und in den Senken duckte sich schwarzes Gehölz. Die Straße, auf der ich gekommen war, führte durch ein Dorf und machte vor dem Tor, an dem unsere Auffahrt begann, eine Biegung. Gerade fuhr jemand den tief verschneiten Weg entlang; das Bimmeln der Schlittenglocken stahl sich mählich wie ein gewisperter Singsang in die Stille des Zimmers.

Das Auspacken war von einem Diener überwacht worden, der gekommen war, mir zu helfen, und seither aufmerksam, aber nutzlos an der Zimmertür gestanden hatte. Ich wünschte durchaus nicht, ihn bei mir zu haben, scheute mich aber, ihn wegzuschicken. Er war ein junger Bursche, gewiß mehr als zehn Jahre jünger als ich. Ich war seit dem Jahre 1867 nicht mehr an diesem Ort, ja nicht einmal in der Nähe gewesen, und doch kam mir die offene, arglose bäuerische Physiognomie sonderbar bekannt vor. Es war durchaus möglich, daß der Bursche ein Nachkomme, ein Sohn, ja sogar ein Enkel jener Diener war, deren freundliche Gesichter mir aus früher Kindheit vertraut waren. In Wirklichkeit hatte er keinerlei Anrecht auf eine solche Einschätzung. Er entstammte einem nahegelegenen Dorfe und war sozusagen hierher befördert worden, nachdem er den Herrschaftsdienst als Aufwärter in einem oder zwei Häusern erlernt hatte. Dies weiß ich, weil ich den verdienstvollen V. am folgenden Tage danach fragte. Meine Frage hätte ich mir schenken können. Ich entdeckte sehr bald, daß alle zum Hause und zum Dorfe gehörenden Gesichter: die ernsten Gesichter der Familienoberhäupter mit den hängenden Schnurrbärten; die flaumigen Gesichter der jungen Männer; die Gesichter der kleinen, hellhaarigen Kinder; die hübschen, gebräunten, breitstirnigen Gesichter der Mütter vor den Türen der Hütten mir so vertraut waren, als hätte ich sie alle seit meinen Kindertagen gekannt und als sei ich erst vorgestern noch ein Kind gewesen.

Das Bimmeln der Glöckchen des Reisenden war lauter geworden und dann rasch in der Ferne verklungen, das lärmende Gebell der Dorfhunde endlich verstummt. Mein Onkel, der in der Ecke des schmalen Sofas lehnte, rauchte schweigend seinen langen türkischen *Tschibuk*.

»Ein ganz reizender Schreibtisch, den du da in mein Zimmer gestellt hast«, bemerkte ich.

»Er gehört dir«, sagte er und beobachtete mich mit einem interessierten und zugleich wehmütigen Blick, wie er es getan, seit ich das Haus betreten hatte. »Vor vierzig Jahren pflegte deine Mutter an eben diesem Tisch zu schreiben. In unserem Haus in Oratow stand er in dem kleinen Wohnzimmer, das nach stillschweigender Übereinkunft den Mädchen überlassen blieb – ich meine deiner Mutter und ihrer Schwester, die so jung starb. Der Tisch wurde ihnen beiden von unserm Onkel Nikolas B. geschenkt, als deine Mutter siebzehn und deine Tante zwei Jahre jünger war. Diese deine Tante war ein liebes, entzückendes Mädchen, von der du vermutlich nicht mehr weißt als den Namen. Sie zeichnete sich nicht so sehr durch Schönheit und einen kultivierten Geist aus – darin war ihr deine Mutter weit überlegen –, doch jeder liebte sie um ihres gesunden Verstandes, ihres bewundernswert liebenswürdigen Temperamentes, ihrer außerordentlichen Gewandtheit und Verbindlichkeit im täglichen Umgang willen. Ihr Tod bereitete uns allen furchtbaren Kummer und bedeutete einen schweren seelischen Verlust. Wäre sie am Leben geblieben, sie hätte dem Hause, das als Frau, Mutter und Lenkerin der Wirtschaft zu betreten ihr bestimmt gewesen wäre, den denkbar größten Segen gebracht. Sie hätte um sich eine Atmosphäre der Ruhe und Zufriedenheit geschaffen, wie sie nur jene hervorbringen können, die selbstlos zu lieben verstehen. Deine Mutter – die viel schöner war, dazu ungemein distinguiert in ihrer Person, ihrem Auftreten, ihrem Intellekt – war weniger umgänglich. Da sie die glänzenderen Gaben besaß, erwartete sie auch mehr vom Leben. In jener schweren Zeit waren wir ihretwegen besonders in Sorge. Ihre Gesundheit hatte unter dem Schock gelitten, den der Tod des Vaters ihr versetzt hatte (sie war mit ihm allein im Haus, als er plötzlich starb), und sie wurde hin und her gerissen zwischen der Liebe zu dem Manne, den sie schließlich heiratete, und dem Bewußtsein, daß ihr verstorbener Vater sich unmißverständlich gegen diese Verbindung ausgesprochen hatte. Wenn man bedenkt, daß sie es einerseits nicht vermochte, sich über das geheiligte Andenken und jenes

Urteil, das sie stets geachtet und dem sie vertraut hatte, hinwegzusetzen, es andererseits aber unmöglich fand, einer so wahren, aufrichtigen Neigung zu widerstehen, darf nicht wundernehmen, daß sie ihr geistiges und seelisches Gleichgewicht nicht zu bewahren vermochte. Uneins mit sich, konnte sie nicht anderen ein Gefühl der Ruhe vermitteln, das sie selbst nicht besaß. Es geschah erst später, erst nachdem sie mit dem Mann ihrer Wahl vereint war, daß sie die ungewöhnlichen Gaben ihres Herzens und ihrer Seele hervorkehrte, die selbst unseren Feinden Achtung und Bewunderung abnötigten. Indem sie mit ruhiger Standhaftigkeit den grausamen Prüfungen eines Lebens entgegentrat, in welchem sich all die nationalen und sozialen Mißgeschicke der Gemeinschaft spiegelten, erfüllte sie aufs schönste ihre Pflichten als Weib, als Mutter und Patriotin, teilte die Verbannung ihres Gatten und wurde zur edelsten Verkörperung des Ideals von polnischem Weibtum. Unser Onkel Nikolas war zarteren Gefühlen nicht leicht zugänglich. Sieht man von seiner Verehrung Napoleons des Großen ab, so liebte er, glaube ich, nur drei Menschen auf dieser Welt: seine Mutter, deine Großmutter, die du gesehen hast, an die du dich aber unmöglich wirst erinnern können; seinen Bruder, unseren Vater, in dessen Haus er viele Jahre lebte; von uns anderen, den zahlreichen Neffen und Nichten, die um ihn herum aufwuchsen, liebte er einzig deine Mutter. Er schien kein Auge für die bescheideneren, liebenswerten Eigenschaften der jüngeren Schwester zu besitzen. Ich war es, der ihren unerwarteten Tod, der die Familie traf, als ich noch nicht ganz ein Jahr ihr Oberhaupt gewesen war, am schwersten empfand. Es kam ganz furchtbar überraschend. Als sie eines Winternachmittages unterwegs war, um mir in dem leeren Haus Gesellschaft zu leisten, in dem ich mich der Verwaltung des Gutes und der Wahrnehmung anderer komplizierterer Angelegenheiten halber ständig aufhalten mußte – die Mädchen wechselten sich darin wochenweise ab –, während sie also, wie ich sagte, vom Hause der Gräfin Tekla Potocka, wo unsere leidende Mutter damals logierte, um in der Nähe eines Arztes zu sein, zu mir unterwegs war, kam ihr Schlitten von der Straße ab und geriet in eine Schneewehe. Sie war allein mit dem Kutscher und dem alten Valery, dem Leibdiener unseres verstorbenen Vaters. Während die Männer versuchten, den Schlitten freizuschaufeln, sprang sie, von Ungeduld getrieben, heraus und machte sich auf die Suche nach der Straße. Dies alles geschah im Jahre 1851, keine zehn Meilen entfernt von dem Haus, in dem wir jetzt sitzen. Die Straße war bald gefunden, doch hatte es wieder heftig zu schneien begonnen, und sie brauchten noch vier weitere Stunden für den Heimweg. Beide Männer zogen ihre pelzgefütterten Übermäntel aus und hüllten sie in alle vorhandenen Decken, um sie gegen die Kälte zu schützen, und zwar, wie mir Valery später berichtete, unter Mißachtung ihrer Proteste, Befehle, ja selbst handgreiflichen Abwehr. ›Wie‹, so hatte er versucht ihr klarzumachen, ›kann ich je der Seele des verstorbenen Herrn gegenübertreten, wenn ich Sie zu Schaden kommen lasse, solange noch ein Funke Leben in mir ist?‹ Als man schließlich zu Hause anlangte, war der bedauernswerte alte Mann ganz steifgefroren und konnte nicht mehr sprechen. Der Kutscher war in keiner besseren Verfassung, wenn er auch noch die Kraft hatte, selber zum Stalle zu fahren. Als ich ihr vorhielt, sie hätte bei solchem Wetter diese Fahrt niemals wagen dürfen, erwiderte sie bezeichnenderweise, sie habe den Gedanken nicht ertragen, mich meiner unfrohen Einsamkeit zu überlassen. Unbegreiflich, daß man ihr erlaubt hatte, auszufahren. Aber es sollte wohl so sein. Sie machte nichts von dem Husten her, der sich Tags darauf einstellte, doch bald schon setzte eine Lungenentzündung ein, und drei Wochen später war sie nicht mehr. Sie war die erste aus der unter meiner Obhut herangewachsenen jungen Generation, die hinweggerafft wurde.

Siehe – alle Hoffnung und alle Furcht ist eitel. Von allen Kindern war ich bei der Geburt das zarteste. Jahrelang blieb ich so empfindlich, daß meine Eltern kaum hoffen konnten, mich aufzuziehen, und doch habe ich fünf Brüder und zwei Schwestern überlebt, dazu viele meiner Altersgenossen; ich habe auch meine Frau und meine Tochter überlebt. Von allen, die wenigstens noch eine Ahnung von jenen alten Zeiten hatten, bist du der letzte. Es ist mein Schicksal geworden, viele ehrliche Herzen, viele glänzende Begabungen, viele lebendige Hoffnungen in ein frühes Grab zu betten.«

Er stand brüsk auf, seufzte und verließ mich mit den Worten: »Wir essen in einer halben Stunde.« Ohne mich zu regen, lauschte ich seinem raschen Schritt, erst auf dem gewachsten Boden des Nebenzimmers, dann im Vorzimmer, wo Bücher an den Wänden standen und wo er stehenblieb, um seinen *Tschibuk* in den Pfeifenständer zu stellen, ehe er ins Wohnzimmer trat (alle waren *en suite* angeordnet), wo der dicke Teppich das Geräusch seiner Schritte verschluckte. Ich hörte noch, daß er die Tür zu seinem Arbeitszimmer schloß. Er war nun zweiundsechzig Jahre alt und hatte sich mehr als ein Vierteljahrhundert hindurch als der weiseste, strengste, verständnisvollste Vormund erwiesen, hatte mir väterliche Sorge, Zuneigung und moralische Unterstützung angedeihen lassen, die ich auch in den entferntesten Erdteilen immer um mich zu spüren vermeint hatte.

Was Herrn Nikolas B. betrifft, so war er 1808 Unterleutnant, 1813 Leutnant in der französischen Armee, eine kurze Weile *Officier d'Ordonnance* beim Marschall Marmont, später Kapitän im zweiten Reiterregiment der polnischen Armee – soweit in dem bis 1830 bestehenden, durch den Wiener Kongreß reduzierten Königreich von einer Armee gesprochen werden kann. Ich muß sagen, daß aus der ferneren Vergangenheit, die mir größtenteils nur durch Überlieferung und zum kleinsten Teil *de visu* bekannt ist, der Vergangenheit, welche die Worte des Mannes, der gerade gegangen war, heraufbeschworen hatten, er, Nikolas B., die fragmentarischste Gestalt geblieben ist. Ganz gewiß hatte ich ihn 1864 gesehen, denn ohne Zweifel hat er nicht die Gelegenheit versäumt, meine Mutter zu besuchen, um so mehr, als er wissen mußte, daß es zum letztenmal sein werde. Seit meinen Kindertagen hat sich nichts daran geändert, daß, wann immer ich versuche, sein Bild heraufzubeschwören, vor meinen Augen eine Art Nebel aufzuwallen beginnt, ein Nebel, in dem ich undeutlich einen gutgebürsteten weißhaarigen Kopf erkenne (übrigens ein Sonderfall in der Familie B., deren Männer in der Regel schon vor dem dreißigsten Jahr auf kleidsame Weise glatzköpfig werden), dazu eine schmale, gebogene, edle Nase, die sich nun allerdings genau an das Muster der herkömmlichen B.schen Nasen hält. Doch lebt er in meinem Gedächtnis nicht durch die Fragmente seiner vergänglichen, sterblichen Existenz. Ich wußte schon sehr früh, daß mein Großonkel Nikolas B. Ritter der Ehrenlegion war, dazu Träger des polnischen Kriegskreuzes Virtuti Militari. Das Wissen um diese ruhmreichen Tatsachen schürte in mir eine bewundernde Verehrung, und doch ist es nicht dieses Gefühl, so stark es auch gewesen sein mochte, das mir die Macht und die Bedeutung seiner Persönlichkeit gegenwärtig werden ließ. Darüber liegt nämlich noch ein weiterer Eindruck, der sehr komplex aus Scheu, Mitleid und Grauen zusammengesetzt ist. Herr Nikolas B. bleibt für mich jenes vom Glück verlassene und elende (aber heldenhafte) Wesen, das vor Zeiten einen Hund verspeist hat.

Es ist gute vierzig Jahre her, seit ich diese Geschichte gehört, und die Wirkung hat sich immer noch nicht verflüchtigt. Ich glaube, daß dies die erste, nun, sagen wir, realistische Erzählung war, die ich in meinem Leben hörte; trotzdem verstehe ich nicht, warum sie mich so beeindrucken sollte. Selbstverständlich weiß ich, wie unsere Dorfköter aussehen – doch immerhin... Nein! Wenn ich mir das Grauen und Mitleid des Kindes ins Gedächtnis rufe, frage ich mich noch diesen Augenblick, ob ich recht daran tue, einer kalten, verwöhnten Welt diese abscheuliche Episode aus der Geschichte der Familie zu entdecken. Ich frage mich: ist es richtig? Um so mehr, als die Familie B. im weitesten Umkreis rühmlich bekannt war für ihren zarten Geschmack in Dingen des Essens und Trinkens. Alles in allem genommen und unter Berücksichtigung des Umstandes, daß diese einem tapferen jungen Offizier widerfahrene gastronomische Erniedrigung recht eigentlich auf das Konto des Großen Napoleon kommt, bin ich der Ansicht, daß den Mantel des Schweigens darüber zu breiten die literarische Enthaltsamkeit denn doch zu weit treiben hieße. Möge denn hier die Wahrheit stehen. Die Verantwortung dafür ruht, in Anbetracht des beklagenswerten Leichtsinnes, mit dem er den russischen Feldzug führte, auf dem Mann von St. Helena. Es begab sich während des denkwürdigen Rückzuges von Moskau, daß Herr Nikolas B. und zwei Offizierskameraden – über deren Moral und Wohlanständigkeit ich nichts weiß – am Rande eines Dorfes einen Hund erlegten und ihn anschließend verzehrten. Soweit ich mich erinnere, war die dabei zur Anwendung gebrachte Waffe ein Kavalleriesäbel, und der Ausgang dieses sportlichen Ereignisses entschied mehr über Tod und Leben, als es das Treffen mit einem Tiger getan hätte. In jenem tief in den litauischen Wäldern versteckten Dorf schlummerte ein Kosakenpikett. Die drei Sportsleute hatten von ihrem Versteck aus beobachtet, wie die Kosaken, gerade ehe gegen vier Uhr nachmittags die frühe Winternacht einfiel, es sich in den Hütten so recht bequem machten. Sie hatten mit Ekel, vielleicht mit Verzweiflung dabei zugeschaut. Später in der Nacht überwand bohrender Heißhunger alle Vorstellungen der Vernunft. Sie krochen durch den Schnee bis an den Zaun aus Reisig, der für gewöhnlich in jenem Teil Litauens die Dörfer umschließt. Was sie und wie sie es zu erlangen hofften, und ob ihre Erwartungen das Risiko verlohnten, wissen nur die Götter. Indessen war bekannt, daß diese Kosakentrupps, die im allgemeinen nicht von einem Offizier geführt wurden, meist nur wenige Wachen, oft auch gar keine ausstellten. Da überdies das Dorf sehr weit von der französischen Rückzugslinie entfernt lag, brauchten sie hier auch nicht mit Versprengten der Großen Armee zu rechnen. Die drei Offiziere hatten während eines Schneesturmes die Kolonne verloren und waren seit Tagen in den Wäldern umhergeirrt, was denn auch ihren schrecklich reduzierten Zustand zur Genüge erklärt. Sie planten, die Aufmerksamkeit des Bauern auf sich zu ziehen, dessen Hütte dem Zaun am nächsten lag; doch als sie sich darauf vorbereiteten, ihr Haupt sozusagen in den Rachen des Löwen zu legen, begann ein Hund (höchst merkwürdig, daß nur ein einziger Hund da war), der unter diesen Umständen ebenso furchteinflößend sein mußte wie ein Löwe, jenseits des Zaunes zu bellen...

An diesem Punkt der Erzählung, die ich (auf Wunsch) viele Male aus dem Munde meiner Großmutter, einer Schwägerin des Kapitäns Nikolas B., vernahm, pflegte ich vor Aufregung zu zittern.

Der Hund bellte. Hätte er sich aufs Bellen beschränkt, so hätten drei Offiziere des Großen Napoleon wohl nichts weiter getan, als unter den Spitzen der Kosakenlanzen ihr Leben zu lassen, vielleicht wären sie auch entkommen und somit verhungert. Doch ehe sie an Flucht auch nur denken konnten, preschte der fatale, widerwärtige Hund, vom Übermaß des Eifers gestachelt, durch eine Lücke im Zaun. Er preschte und starb. Sein Kopf, so vernahm ich, wurde mit einem einzigen Streich vom Körper getrennt. Ich hörte weiter, daß sich später, als man in der düsteren Einsamkeit des tief verschneiten Waldes, in einer versteckten Senke, ein Feuer entzündete, der körperliche Zustand der Beute als unbefriedigend erwies. Der Hund war nicht mager – er war im Gegenteil ungesund beleibt, das Fell wies blanke, unerfreulich aussehende Stellen auf. Allein man hatte den Hund nicht um seines Pelzes willen getötet. Er war groß ... er war eßbar ... der Rest ist Schweigen ... ein Schweigen, das einen kleinen Jungen erschauern und voller Überzeugung sagen läßt: »Ich hätte den Hund nicht essen können.«

Und die Großmutter erwidert darauf lächelnd:

»Vielleicht weißt du nicht, was es heißt, hungrig zu sein.«

Ich habe mir seither einiges von diesem Wissen angeeignet. Nicht, daß ich gezwungen gewesen wäre, Hund zu speisen. Doch habe ich von dem Tier gegessen, welches in der Sprache der leichtfertigen Gallier *la vache enragée* heißt; ich habe mich von uraltem Pökelfleisch ernährt, ich kenne den Geschmack von Hai, von Trepang und Schlangen, von namenlosen Gerichten unentzifferbarer Zusammensetzung – nicht aber den des litauischen Dorfhundes! Ich bitte, daß man sich ein für allemal einpräge, nicht ich war es, sondern mein Großonkel Nikolas, Grundbesitzer von polnischem Adel, Chevalier de la Légion d'Honneur usw. usw., der in seinen jungen Jahren vom litauischen Hunde gekostet hat.

Ich wünsche, er hätte es unterlassen. Ein kindlicher Grusel ob dieser Tat ist noch dem ergrauten Haupt verblieben. Ich kann mich dessen nicht erwehren. Immerhin, wenn es denn unvermeidlich war, so wollen wir uns barmherziger Weise daran erinnern, daß er den Hund aß, während er im aktiven Waffendienst stand, sich tapfer der größten militärischen Katastrophe der Neuzeit entgegenstemmte, daß er es in gewisser Weise dem Vaterland zuliebe tat. Er hatte ihn verspeist, um seinen Hunger zu stillen, zweifellos, doch auch um eines unstillbaren und patriotischen Verlangens willen, durchglüht von einem mächtigen, immer noch lebendigen Glauben, in Verfolg einer machtvollen Illusion, die von einem großen Mann wie ein falsches Leuchtfeuer aufgerichtet wurde, um eine tapfere Nation in die Irre zu führen.

Pro Patria!

In diesem Licht betrachtet, wird daraus ein süßes, wohlanständiges Mahl.

Und in dem selben Licht betrachtet, erscheint meine Diät von *la vache enragée* eine dünkelhafte, extravagante Abart zügelloser Genußsucht, denn weshalb sollte ich, der Sohn eines Landes, das von eben solchen Männern mit der Pflugschar aufgerissen und mit ihrem Blut getränkt worden ist, mich aufmachen, um auf den weiten Meeren Pökelfleisch und Schiffszwieback zu essen? Dem Nachsichtigen muß das zum wenigsten eine unbeantwortete Frage bleiben. Ach! Ich bin der Überzeugung, daß es Männer von fleckenloser Rechtschaffenheit gibt, die bereit sind, verachtungsvoll das Wort Fahnenflucht zu murmeln. So kann einem der Geschmack an unschuldigen Abenteuern verdorben werden. Wenn man das Verhalten von Menschen in einer Welt beurteilt, in der keine Erklärung dauernde Gültigkeit hat, dann muß man auch das Unerklärliche berücksichtigen. Der Vorwurf der Treulosigkeit sollte niemals leichtfertig erhoben werden. Wie alles, das dem Urteil unserer fehlbaren Sinne unterliegt, sind die Erscheinungen dieses vergänglichen Daseins irreführend. Die innere Stimme mag sich in geheimem Ratschluß von Treue leiten lassen, und die Treue einer bestimmten Tradition gegenüber mag auch in den Begebenheiten eines fremdartigen Daseins gewahrt bleiben, das gläubig dem vorgezeichneten Wege eines unerklärlichen Impulses folgt.

Es würde zu lange dauern, das enge Bündnis der Widersprüche in der Natur des Menschen zu erklären, das der Liebe gelegentlich das Aussehen des zum Letzten entschlossenen Verrates gibt. Vielleicht gibt es auch keine brauchbare Erklärung. Nachsicht, so hat einmal jemand gesagt, ist die intelligenteste aller Tugenden. Ich wage zu glauben, daß sie die am wenigsten verbreitete, die seltenste Tugend von allen ist. Ich will damit nicht andeuten, daß die Menschen töricht sind – nicht einmal, daß die meisten Menschen es sind. Das sei ferne von mir. Der Barbier und der Priester verurteilen, von der Meinung des gesamten Dorfes unterstützt, zu Recht die Aufführung des genialen Hidalgo, der, nachdem er seine Heimat verlassen, dem Maultiertreiber den Schädel einschlug, einer Herde unschuldiger Gänse den Tod gab und in einem gewissen Stall recht klägliche Erfahrungen machte. Gott verhüte, daß ein verdienstloser Flegel berechtigtem Tadel entgehe, indem er sich an den Steigbügel des erhabenen *caballero* klammert. Er war eine sehr edle, sehr selbstlose Phantasiegestalt, die zu nichts taugte, als den Neid niedrigerer Sterblicher zu erwecken. Doch hat der Zauber dieser gutartigen und gefährlichen Gestalt nicht nur eine Seite. Auch sie hatte ihre Schwächen. Nach der Lektüre zahlreicher Ritterromane verlangte der *caballero* ganz naiv, körperlich der unerträglichen Wirklichkeit zu entkommen. Er wünschte, Auge in Auge mit dem tapferen Riesen Brandabarbaran zu stehen, dem Herrn Arabiens, dessen Rüstung aus der Haut eines Drachen und dessen Schild, über den Arm gestreift, aus dem Tor einer befestigten Stadt besteht! O liebenswerte, angeborene Schwäche! O gesegnete Einfalt eines zarten, arglosen Herzens! Wer wollte einer so tröstlichen Versuchung nicht nachgeben? Allein, es handelte sich da um eine Art von Genußsucht, und der geniale Hidalgo von La Mancha war kein guter Bürger. Priester und Barbier waren mit ihren Tadeln nicht gar so sehr auf dem Holzweg. Ohne so weit zu gehen wie der alte König Louis Philippe, der in seinem Exil zu sagen pflegte: »Das Volk ist nie im Unrecht« – darf man doch zugeben, daß das einstimmige Votum eines ganzen Dorfes bis zu einem gewissen Grade gerechtfertigt sein muß. Irrsinnig! Irrsinnig! Er, der am

Brunnen der Herberge unter frommen Betrachtungen die vorgeschriebene Nachtwache in Waffen hielt und bei Sonnenaufgang ehrfürchtig das Knie beugte, um sich von dem feisten, tückischen Wirt zum Ritter schlagen zu lassen, er hat die Vollkommenheit fast erreicht. So reitet er denn hinaus, den Kopf von einem Heiligenschein umkränzt – Schutzpatron all derer, deren Leben von der unwiderstehlichen Macht der Phantasie verdorben oder gerettet wurde. Doch ein guter Bürger war er nicht. Vielleicht war nur das und nichts anderes mit der mir noch wohl erinnerlichen Äußerung meines Erziehers gemeint.

Es war im schönen Jahre 1873, dem letzten Jahr, in dem ich heitere Ferien verbrachte. Auch später hat es müßige Jahre gegeben, die in gewisser Weise ebenfalls heiter waren und einer Lehre nicht ganz ermangelten, doch das Jahr, von dem ich jetzt spreche, war das Jahr meiner letzten Schulferien. Auch aus anderen Gründen werde ich dieses Jahr nicht vergessen, doch ist hier nicht der Platz, sie ausführlich darzustellen. Überdies haben sie auch mit den in Rede stehenden Ferien nichts zu tun. Mit diesen Ferien hat zu tun, daß wir, ehe diese Bemerkung gemacht wurde, Wien, die obere Donau, München, den Rheinfall und den Bodensee besichtigt hatten – es war in der Tat ein denkwürdiger Reiseurlaub. Seit kurzem befanden wir uns auf einer Fußwanderung das Tal der Reuß hinauf. Es waren köstliche Tage. Es war mehr ein Spaziergang als eine Wanderung. Nachdem wir zu Schiff über den Vierwaldstätter See gefahren und in Flüelen an Land gegangen waren, fanden wir uns am Ende des zweiten Tages, als die Dämmerung unsere lässigen Schritte einholte, etwas außerhalb von Hospenthal. Es war dies nicht der Tag, an dem die Bemerkung gemacht wurde. Im Schatten des tief eingeschnittenen Tales, fern von allen Behausungen, befaßten sich unsere Gedanken nicht mit den ethischen Maßstäben menschlichen Verhaltens, sondern mit den schlichteren Fragen von Obdach und Nahrung.

Es schien, als sollten wir nichts Geeignetes mehr antreffen, und wir dachten bereits daran umzukehren, als wir plötzlich hinter einer Biegung des Weges auf ein in der Dämmerung geisterhaft wirkendes Gebäude stießen.
Damals arbeitete man am St.-Gotthard-Tunnel, und dieses großartige Bohrprojekt war die Ursache für die Errichtung des Gebäudes, das da ganz überraschend unmittelbar am Fuße des Berges stand. Es war lang, wenn auch nicht groß; es war niedrig; es bestand aus Brettern, war ohne Zierrat barackenartig gebaut, und die weißen Fensterrahmen lagen in gleicher Ebene mit der gelben, schmucklosen Fassade. Und doch war es ein Hotel, es hatte sogar einen Namen, der mir entfallen ist. Vor dem bescheidenen Eingang stand kein goldverzierter Portier. Unseren Erkundigungen antwortete zunächst ein nicht hübsches, aber lebhaftes Dienstmädchen, dann erschienen der Mann und die Frau, denen das Unternehmen gehörte. Es war deutlich, daß Gäste weder erwartet wurden noch erwünscht waren in dieser sonderbaren Herberge, die in ihrem strengen Stil an die Aufbauten der keineswegs seetüchtig wirkenden Spielzeugarche erinnerte, dieses gemeinsamen Besitztums aller europäischen Kinder. Jedoch das Dach war kein aufklappbares Dach, und die Herberge war nicht bis zur Decke mit bemalten Holztieren angefüllt. Selbst das lebendige Touristentier war nirgendwo zu bemerken. In einem langen, schmalen Raum am Ende eines langen schmalen Tisches sitzend, den meine erschöpften Sinne für das Brett einer Wippe hielten, die gleich hochschnellen mußte, da am anderen Ende niemand das Gewicht unserer verstaubten, von Reiseschmutz bedeckten Gestalten aufwog, bekamen wir unsere Mahlzeit. Dann eilten wir hinauf, um uns in einem nach Fichtenbrettern riechenden Zimmer niederzulegen, und ich war bereits eingeschlafen, ehe noch mein Kopf das Kissen berührte.
Anderntags weckte mein Erzieher (er war Student der Uni-

versität Krakau) mich früh und sagte beim Anziehen: »Es scheinen eine Menge Leute in diesem Hotel zu wohnen. Ich habe bis gegen elf Uhr reden hören.« Diese Feststellung überraschte mich. Ich hatte wie ein Stein geschlafen und daher nichts gehört.

Wir gingen hinunter in den langen schmalen Speiseraum mit dem langen schmalen Eßtisch. Auf jeder Längsseite stand eine Reihe von Tellern. An einem der vielen vorhanglosen Fenster lehnte ein großer, knochiger Mann, dessen Glatze durch ein Büschel schwarzen Haares über jedem Ohr und durch einen langen schwarzen Bart besonders auffällig war. Er blickte von der Zeitung auf, in der er las, und schien ob unserem Auftreten ernstlich überrascht. Nach und nach kamen immer mehr Männer herein. Nicht einer von ihnen glich einem Touristen. Eine Frau trat nicht in Erscheinung. Es machte den Eindruck, als seien die Männer gut miteinander bekannt, doch kann man nicht sagen, daß sie redselig gewesen wären. Der Kahlköpfige nahm würdevoll am oberen Ende des Tisches Platz. Das ganze sah aus wie eine Familienmahlzeit. Nach und nach brachten wir durch Erkundigungen bei dem lebhaften Dienstmädchen in Landestracht heraus, daß wir uns in dem Wohnheim der englischen Ingenieure befanden, die am St.-Gotthard-Tunnel beschäftigt waren; und ich durfte nach Herzenslust den Lauten der englischen Sprache zuhören, soweit diese beim Frühstück von Männern angewendet wird, die nicht dazu neigen, über die kleinen Annehmlichkeiten des Lebens viele Worte zu verlieren.

Dies war meine erste Berührung mit dem englischen Teil der Menschheit, wenn man von den Touristen absieht, denen man in Hotels in Zürich oder Luzern begegnet – jener Sorte Mensch eben, die im Alltag eigentlich nicht vorkommt. Ich weiß heute, daß der Kahlköpfige mit starkem schottischem Akzent sprach. Ich habe seither viele von seiner Art kennengelernt, sowohl

auf See als an Land. So hätte der Zweite Ingenieur des Dampfers *Mavis* beispielsweise von Rechts wegen sein Zwillingsbruder sein müssen. Ich kann mich nicht des Gedankens erwehren, daß er es wirklich war, obgleich er mir aus Gott weiß welchen Gründen versicherte, er habe nie einen Zwillingsbruder besessen. Wie dem auch sei – der bedächtige, kahlköpfige Schotte mit dem kohlschwarzen Bart war in meinen Knabenaugen eine sehr romantische, sehr geheimnisvolle Person.
Wir stahlen uns unbeachtet hinaus. Der im Vorhinein festgelegte Weg führte über den Furkapaß zum Rhônegletscher und durchs Häslital hinab. Die Sonne war bereits im Sinken, als wir auf der Paßhöhe anlangten und die bewußte Bemerkung ausgesprochen werden sollte.
Wir setzten uns am Straßenrand nieder, um die Auseinandersetzung fortzuführen, die wir eine halbe Meile zuvor begonnen hatten. Eine Auseinandersetzung war es bestimmt, denn ich weiß noch genau, daß mein Erzieher mir Vorstellungen machte und daß ich, ohne widersprechen zu können, mit eigensinnig gesenktem Blick dabeisaß. Auf der Straße regte sich etwas, ich blickte auf und sah meinen unvergeßlichen Engländer. Unter den Bekannten späterer Jahre, unter meinen Schiffskameraden, unter Menschen, mit denen ich täglich umging, sind viele, deren ich mich weniger deutlich erinnere. Er marschierte flott in östlicher Richtung dahin (gefolgt von einem Schweizer Führer mit Armsündermiene) und sah dabei aus wie ein leidenschaftlicher, furchtloser Forscher. Er war in einen Knickerbockeranzug gekleidet und trug in seinen Schnürstiefeln kurze Socken, sei es nun aus Gewissens- oder Gesundheitsgründen, jedenfalls aber aus wohlbedachten Gründen, und seine dem Anblick der Öffentlichkeit und der belebenden Höhenluft preisgegebenen Waden blendeten den Betrachter förmlich durch ihre marmorgleiche Beschaffenheit und ihren satten Elfenbeinton. Er war der Anführer einer kleinen Kara-

wane. Der Glanz einer ungestümen, erhabenen Zufriedenheit mit der Welt der Menschen und der Szenerie des Gebirges erhellte sein ebenmäßiges, sehr rotes Gesicht, den kurzen silberweißen Backenbart und die arglos eifrigen, triumphierend dreinblickenden Augen. Im Vorbeigehen bleckte er die großen, gesunden blanken Zähne und warf einen freundlich-neugierigen Blick auf den Mann und den Knaben, die wie verstaubte Landstreicher am Wege saßen, einen bescheidenen Rucksack zu Füßen. Seine weißen Waden schimmerten stramm, der ungeschlachte Schweizer Führer ging verdrossen wie ein widerspenstiger Bär neben ihm her, und ein kleiner Hofstaat von drei Maultieren folgte in Reihe diesem beispielhaften Enthusiasten. Zwei Damen ritten eine hinter der anderen vorüber, doch vermochte ich nur die ausdruckslosen gleichförmigen Rücken und die Enden der blauen Schleier zu erkennen, die von ebenfalls gleichförmigen Hutkrempen herunterhingen. Gewiß seine beiden Töchter. Ein fleißiges Tragtier mit ungesteiften Ohren machte, von seinem schlaffen, blassen Treiber beaufsichtigt, den Schluß. Mein Erzieher, der sich unterbrochen hatte, um hinzuschauen und ein wenig zu lächeln, nahm seine ernsten Darlegungen von neuem auf.

Wahrlich, das war ein denkwürdiges Jahr! Einem solchen Engländer begegnet man im Leben nicht zweimal. War er in der geheimnisvollen Ordnung der Dinge der Botschafter meiner Zukunft, ausgesandt, um in einem Augenblick der Krise auf der Höhe eines Alpenpasses unter den Augen der feierlich schweigenden Gipfel des Berner Oberlandes den entscheidenden Anstoß zu geben? Sein Blick, sein Lächeln, der unstillbare, zum Lachen reizende Eifer der vorwärtsstrebenden Gestalt halfen mir, mich zusammenzunehmen. Ich muß sagen, daß ich mich an jenem Tage in der belebenden Atmosphäre jenes erhöhten Fleckchens Erde ungemein niedergedrückt fühlte. Es war das Jahr, in welchem ich zum ersten Male laut meinen

Wunsch ausgesprochen hatte, zur See zu gehen. Anfangs verhallte diese Erklärung ebenso ungehört wie jene Töne, die außerhalb des menschlichen Hörvermögens liegen und daher unseren Ohren nicht vernehmbar werden. Es war, als wäre überhaupt nichts gesagt worden. Später probierte ich verschiedene Stimmlagen aus, und es gelang mir, eine überraschte, flüchtige Aufmerksamkeit zu erregen – eine Reaktion etwa von der Sorte »Was war das für ein ulkiges Geräusch?« hervorzurufen. Noch später hieß es: »Habt ihr gehört, was der Junge gesagt hat? Was für eine ausgefallene Idee.« Sodann verbreitete sich eine Welle entrüsteter Verwunderung (die nicht größer hätte sein können, hätte ich die Absicht geäußert, Kartäusermönch zu werden) von der akademischen Stadt Krakau aus und überschwemmte mehrere Provinzen. Dieses Erstaunen glich einem zwar seichten, doch sehr ausgedehnten Gewässer. Es rief eine Unmasse von Vorwürfen, Empörung, mitleidigem Staunen, bitterer Ironie und schlichtem Hohn hervor. Ich vermochte unter dieser Last kaum zu atmen und schon gar nicht zu antworten. Die Leute fragten sich, was denn Herr T. B. nun wohl mit seinem Sorgenneffen anfangen sollte und hofften wohl, daß er mit meinem Unfug kurzen Prozeß machen werde.

Was er tat, war, den ganzen Weg von der Ukraine her anzureisen, um ein offenes Wort mit mir zu sprechen, sich selber vorurteilslos, gerecht und unparteiisch ein Urteil zu bilden und eine von Weisheit und Zuneigung bestimmte Stellung zu beziehen. Soweit das einem Knaben mit unfertigem Ausdrucksvermögen gegeben war, legte ich ihm meine geheimsten Gedanken dar, und er erlaubte mir seinerseits, einen Blick in sein Herz und seinen Sinn zu tun, den ersten Blick auf einen unerschöpflichen, edlen Schatz klarer Gedanken und warmen Empfindens, dessen ich mich zeitlebens mit nie getäuschter Liebe und blindem Vertrauen bedienen durfte. Das Resultat

mehrerer erschöpfender Unterredungen war, daß er es ablehnte, sich dem Vorwurf auszusetzen, mein Leben durch unerbittlichen Widerstand verdorben zu haben. Doch müsse ich mir Zeit nehmen zu gründlicher Überlegung. Und ich dürfe dabei nicht nur an mich selber denken, sondern müsse auch andere berücksichtigen; ich müsse den Anspruch von Neigung und Gewissen abwägen gegen die Aufrichtigkeit meiner Vorsätze. »Bedenke, was das aufs ganze gesehen bedeutet, mein Junge«, ermahnte er mich zum Schluß besonders herzlich. »Und bis dahin versuche, deine Jahresabschlußprüfung so gut wie möglich zu bestehen.«
Das Schuljahr ging zu Ende, und ich schnitt bei den Prüfungen (die aus bestimmten Gründen für mich schwieriger waren als für andere) recht günstig ab. In dieser Hinsicht also konnte ich mit gutem Gewissen in jene Ferien gehen, die wie ein langer Besuch *pour prendre congé* vom alten europäischen Festland waren, von dem ich in den kommenden vierundzwanzig Jahren so wenig sehen sollte. Das war nun allerdings ganz und gar nicht nach dem Sinne des Erziehers. Diese Reise war, so vermute ich, geplant worden, um mich zu zerstreuen, um meine Gedanken in eine andere Richtung zu lenken. Seit Monaten war mein Vorhaben, zur See zu gehen, mit keinem Wort mehr erwähnt worden. Meine Neigung zu diesem jungen Erzieher und sein Einfluß auf mich waren indessen bekannt, und man hat ihm wohl insgeheim den Auftrag gegeben, mir meine romantischen Hirngespinste auszureden. Das war nun eine überaus passende Veranstaltung, denn weder er noch ich hatten in unserem Leben auch nur einen einzigen Blick aufs Meer getan. Das sollte uns beiden erst nach und nach in Venedig vom äußeren Ufer des Lido aus vergönnt sein. Allein inzwischen hatte er sich seiner Mission schon so eingehend gewidmet, daß ich bereits völlig niedergeschmettert war, ehe wir in Zürich ankamen. Er redete in der Eisenbahn und auf dem

Schiff auf mich ein, er hatte mir sogar, beim Zeus! den obligatorischen Sonnenaufgang auf dem Rigi zerredet. Daß er seinem unwürdigen Schüler Zuneigung entgegenbrachte, unterliegt keinem Zweifel. Das hatte er bereits durch zwei Jahre unermüdlicher und eifriger Fürsorglichkeit bewiesen. Ich konnte ihn einfach nicht hassen. Langsam hatte er mich zermürbt, und als er oben auf dem Furkapaß von neuem anfing mir zuzusetzen, da war er einem Erfolg vielleicht näher, als er oder ich ahnte. Ich hörte ihm verzweifelt schweigend zu und spürte dabei, wie das geisterhafte, nie gesehene, heißersehnte Meer meiner Träume dem kraftlosen Griff meines Willens entglitt.

Der enthusiastische Engländer war vorübergezogen, und die Auseinandersetzung ging weiter. Welchen Lohn könne ich denn am Ende meiner Jahre von solch einem Leben erwarten, sei es an gestilltem Ehrgeiz, an Ruhm oder an innerer Befriedigung? Eine unbeantwortbare Frage. Doch ich war nicht länger mehr niedergeschlagen. Dann trafen sich unsere Blicke, und in unser beider Augen stand ein Ausdruck echter Zuneigung. Das Ende kam ganz überraschend. Er ergriff plötzlich den Rucksack und stand auf. »Du bist ein unbelehrbarer, hoffnungsloser Don Quijote und nichts anderes.«

Das verblüffte mich. Ich war erst fünfzehn und verstand nicht genau, was er damit meinte. Doch es schmeichelte mir, daß der Name des unsterblichen Ritters im Zusammenhang mit meinen Hirngespinsten genannt wurde, wie etliche Personen mein Vorhaben rundheraus zu nennen beliebten. Allein, es gab wohl keinen Anlaß, stolz zu sein. Der Stoff, aus dem ich gemacht bin, ist nicht der, aus dem man die Beschützer irrender Damen, die Linderer der Übel dieser Welt macht, und niemand wußte das besser als mein Erzieher. Darin, in seiner Entrüstung, die ihn mir einen Ehrennamen entgegenschleudern ließ wie einen Vorwurf, war er dem Barbier und dem Priester überlegen.

Ich ging ganze fünf Minuten hinter ihm her, dann hielt er an, ohne sich umzuwenden. Die Schatten ferner Gipfel fielen über den Furkapaß. Als ich heran war, drehte er sich um, und im Anblick des Finsteraarhorns und seiner Schar gigantischer Geschwister, die ungeheure Häupter gegen den strahlenden Himmel reckten, legte er mir herzlich die Hand auf die Schulter. »So. Das reicht. Es soll nicht mehr die Rede davon sein.«

Und wirklich, meine rätselhafte Berufsneigung kam zwischen uns nicht mehr zur Sprache. Sie sollte überhaupt nicht mehr diskutiert werden, nirgendwo und mit niemandem. Wir begannen unter munterem Geplauder den Abstieg vom Furkapaß. Elf Jahre später stand ich, ein Kapitän der britischen Handelsmarine, Monat um Monat in Tower Hill auf den Stufen zu St. Katherine's Dockhouse. Doch der Mann, der mir auf dem Furkapaß die Hand auf die Schulter gelegt hatte, lebte nicht mehr.

Gerade in diesem unserem Wanderjahr promovierte er an der philosophischen Fakultät, und da erst erfuhr er seine wahre Berufung. Diesem Anruf gehorchend, begann er sogleich die vierjährige Ausbildung an der medizinischen Akademie. Es kam der Tag, da ich auf Deck eines in Kalkutta vertäuten Schiffes den Brief öffnete, der mir das Ende eines beneidenswerten Daseins anzeigte. Er hatte sich in irgendeiner abgelegenen Kleinstadt des österreichischen Galiziens eine Praxis eingerichtet, und in dem Brief hieß es, daß die trauernden Armen des Gebietes, Christen wie Juden, sich am Friedhofstor schluchzend und wehklagend auf den Sarg des guten Doktors geworfen hätten.

Wie kurz war sein Leben und wie hellsichtig sein Blick! Welch reicheren Lohn an gestilltem Ehrgeiz könnte er für sich selber erhofft haben, als er mich auf der Höhe des Furkapasses aufforderte, das Ende meines gerade beginnenden Lebens wohl zu bedenken.

III

Die Verspeisung eines glücklosen litauischen Hundes in dunklem Wald durch meinen Großonkel Nikolas B. und zwei andere heißhungrige militärische Vogelscheuchen hat meiner kindischen Einbildung stets als das Symbol der Schrecken des Rückzuges von Moskau und des unmoralischen Ehrgeizes eines Eroberers gegolten. Außerordentlicher Abscheu vor dieser widerwärtigen Episode hat auf meine Ansichten von Charakter und Leistung Napoleons des Großen abgefärbt. Ich brauche nicht zu sagen, daß ich sie mißbillige. Moralisch gesehen, handelte dieser große Heerführer verwerflich, wenn er einen polnischen Edelmann von schlichten Geistesgaben zur Verspeisung eines Hundes bewog, indem er in seiner Brust falsche Hoffnungen auf nationale Unabhängigkeit entfachte. Es ist das Schicksal dieser leichtgläubigen Nation gewesen, mehr als einhundert Jahre lang bei einer Speisenfolge von trügerischer Hoffnung und – nun ja – Hund zu darben. Dieses Rezept ist, genau betrachtet, außerordentlich unbekömmlich. Ein gewisser Stolz auf den starken Magen der Nation, die eine unabsehbare Folge solcher Gerichte überlebt hat, ist wahrlich gerechtfertigt. Doch genug von solchen Verallgemeinerungen. Um wieder aufs einzelne zu kommen: Herr Nikolas B. vertraute seiner Schwägerin (meiner Großmutter) in seiner menschenfeindlich wortkargen Art an, die Mahlzeit im Walde habe ihn »fast unter die Erde gebracht«. Das überrascht nicht. Was mich überrascht, ist, daß man überhaupt etwas von der Geschichte erfahren hat, denn Großonkel Nikolas unterschied sich insofern von den Militärs der napoleonischen Zeit (vielleicht auch von den Militärs aller Zeiten), als er es nicht liebte, von seinen Feldzügen zu sprechen, die bei Friedland begonnen hatten und irgendwo in der Umgebung von Bar-le-Duc endeten. Seine Verehrung des großen Kaisers hatte ihre Grenzen einzig in seiner Unlust, sie laut zum Ausdruck zu bringen. Gleich der Religion des gefestigten Mannes war sie ein tiefes Gefühl und nicht geeignet, der oberflächlichen Menge preisgegeben zu werden. Abgesehen davon schien es, er kenne so wenige Anekdoten aus dem Bereich des Militärs, als habe er in seinem Leben kaum je einen Soldaten auch nur gesehen. In seinem Stolz auf die Auszeichnungen, die er sich vor dem fünfundzwanzigsten Lebensjahr verdient hatte, weigerte er sich, die Ordensschleife im Knopfloch zu tragen, wie das bis zum heutigen Tag in Europa üblich ist, ja, er weigerte sich sogar, die Orden bei festlichem Anlaß anzulegen, so als wünsche er sie, in seiner Angst, für einen Prahlhans gehalten zu werden, zu verbergen. »Es ist genug, daß ich sie habe«, pflegte er zu knurren. Im Laufe von dreißig Jahren wurden sie nur zweimal an seiner Brust gesehen: bei einer unter glücklichen Vorzeichen stehenden Hochzeit in der Familie und bei dem Begräbnis eines alten Freundes. Die, welcher diese Ehre zuteil ward, war nicht die Hochzeit meiner Mutter. Das erfuhr ich erst später, zu spät jedenfalls, um noch Unwillen gegenüber Herrn Nikolas B. zu empfinden, der die Scharte dadurch auswetzte, daß er anläßlich meiner Geburt einen langen Brief verfaßte, in dem auch die folgende Prophezeiung vorkam: »Er wird bessere Zeiten sehen.« Selbst in seinem verbitterten Herzen lebte Hoffnung, aber ein wahrer Prophet war er nicht.

Er war ein Mensch der sonderbarsten Gegensätze. Er lebte viele Jahre lang in dem Hause seines Bruders, dem Heim vieler Kinder, einem Haus, das vor Leben barst, in dem es lärmend und lustig zuging, wo unentwegt Gäste ankamen oder abfuhren, und dabei hielt er an seinen Gewohnheiten des Alleinseins und des Schweigens fest. Er, den man für geradezu starrsinnig verschwiegen in allen seinen Unternehmungen hielt, er war in Wirklichkeit das Opfer einer höchst schmerzlichen Unentschlossenheit in allen Dingen des zivilen Lebens. Unter dem wortkargen, phlegmatischen Äußeren verbarg er die Anlage zum Jähzorn. Ich habe den Verdacht, daß er keine Erzählergabe besaß; immerhin schien es ihm eine düstere Befriedigung zu verschaffen, sagen zu können, er sei der letzte gewesen, der nach der Schlacht bei Leipzig die Brücke über die Elster passiert habe. Um zu verhindern, daß der Zuhörer aus dieser Tatsache etwa auf besondere Tapferkeit seinerseits schließe, ließ er sich zu einer Schilderung des Vorganges herbei. Wie es scheint, hat man ihn kurz nach Beginn des Rückzuges in die Stadt geschickt, wo etliche Divisionen der französischen Armee (darunter auch das polnische Corps des Prinzen Joseph Poniatowski) unentwirrbar in den Straßen zusammengeknäuelt waren und ganz einfach von den alliierten Truppen vernichtet wurden. Fragte man ihn, wie es dort ausgesehen habe, knurrte Herr Nikolas B. einzig: »Trümmerhaufen«. Nachdem er dem Prinzen den Befehl überbracht hatte, eilte er sogleich zurück, um dem Vorgesetzten, der ihn geschickt hatte, Meldung von der Ausführung zu machen. Um diese Zeit hatte der vorrückende Feind die Stadt eingeschlossen; man schoß auf ihn aus den Häusern, und eine ungeordnete Meute österreichischer Dragoner und preußischer Husaren setzte ihm bis zum Ufer des Flusses nach. Die Brücke war bereits am Morgen unterminiert worden, und seiner Ansicht nach erschreckte der Anblick der von allen Seiten in Verfolgung seiner Person andrängenden Reiter den die Sappeure kommandierenden Offizier und veranlaßte ihn, die Brücke vorzeitig zu sprengen. Herr Nikolas B. war noch keine zweihundert Schritte am anderen Ufer geritten, da hörte er hinter sich einige fatale Detonationen. Er beendete seine Erzählung mit dem sehr bedächtig ausgesprochenen Wort: »Schwachkopf«. Darin äußerte sich seine

Empörung über den Verlust von so vielen Tausenden von Leben. Seine phlegmatische Miene erheiterte sich jedoch, wenn er mit einem Ausdruck, der dem der Zufriedenheit ähnelte, auf seine einzige Verwundung zu sprechen kam. Sie werden begreifen, daß für solche Zufriedenheit Grund bestand, wenn Sie hören, daß er an der Ferse verwundet wurde. »Geradeso wie Seine Majestät der Kaiser selbst«, erinnerte er dann seine Hörer mit gemachter Gleichgültigkeit. Bedenkt man, was für eine ungewöhnliche Verwundung es war, kann kein Zweifel daran sein, daß die Gleichgültigkeit vorgetäuscht wurde. Aus der gesamten Geschichte des Krieges sind, glaube ich, der Öffentlichkeit nur drei Krieger bekannt, die an der Ferse verwundet wurden – Achilleus und Napoleon – also Halbgötter –, zu denen die Familienpietät des unwürdigen Abkömmlings den Namen des schlichten Sterblichen fügt: Nikolas B.

Die Hundert Tage fanden Herrn Nikolas B. im Hause eines entfernten Verwandten, der einen kleinen Besitz in Galizien hatte. Wie er durch die ganze Breite eines von Waffen starrenden Europa dorthin gelangt war und unter welchen Abenteuern, das wird, fürchte ich, nie bekannt werden. Alle seine Papiere wurden kurz vor seinem Tode vernichtet; doch falls sich darunter wirklich, wie er behauptete, eine genaue Aufzeichnung seines Lebenslaufs befunden haben sollte, so hat sie gewiß nicht mehr als einen halben Bogen Papier bedeckt. Dieser unser entfernter Verwandter in Galizien war zufällig österreichischer Offizier und hatte nach der Schlacht von Austerlitz den Dienst quittiert. Anders als Herr Nikolas B., welcher seine Auszeichnungen verbarg, liebte dieser Herr es, die über seine ehrenhafte Entlassung ausgefertigte Urkunde vorzuweisen, die ihn als *»unschreckbar«* vor dem Feinde pries. Keine Verbindung hätte weniger verheißungsvoll erscheinen können, doch ist in der Familie überliefert, daß die beiden sich in ihrer ländlichen Einsamkeit sehr gut miteinander vertrugen.

Fragte man ihn, ob er während der Hundert Tage nicht sehr in Versuchung gewesen sei, nach Frankreich und in den Dienst seines geliebten Kaisers zurückzukehren, so pflegte Herr Nikolas B. zu knurren: »Kein Geld. Kein Pferd. Zu Fuß zu weit.«
Der Sturz Napoleons und der Zusammenbruch der nationalen Hoffnungen wirkten auf Herrn Nikolas B. ungünstig. Er verzögerte die Rückkehr in die eigene Provinz, allerdings gab es dafür auch noch einen anderen Grund. Herr Nikolas B. und sein Bruder – mein Großvater mütterlicherseits – hatten früh, noch als Kinder, den Vater verloren. Die Mutter, noch jung und sehr bemittelt, verheiratete sich von neuem, diesmal mit einem Mann von großem Charme und liebenswürdigem Auftreten, der aber keinen Pfennig besaß. Er erwies sich als zärtlicher und besorgter Stiefvater; bedauerlich war nur, daß er, während er die Erziehung der Knaben beaufsichtigte und ihren Charakter mit weisen Ratschlägen bildete, auch nach Kräften bestrebt war, in den Besitz ihres Vermögens zu gelangen, indem er Land im eigenen Namen kaufte und verkaufte und das erzielte Kapital so anlegte, daß nichts mehr auf die eigentlichen Eigentümer schließen ließ.
Es scheint, daß solche Praktiken erfolgreich sein können, wenn man über Reize verfügt, welche die eigene Ehefrau unablässig blenden, und tapfer genug ist, das eitle Schrecknis der öffentlichen Meinung nicht zu fürchten. Der kritische Augenblick kam, als der ältere Knabe, der im Jahre 1811 mündig wurde, Rechnungslegung und wenigstens einen Teil des Erbes verlangte, um sich im Leben damit einzurichten. Da verkündete der Stiefvater mit gelassener Endgültigkeit, es sei keine Rechnung zu legen und kein Erbe anzutreten. Das gesamte Vermögen gehöre ihm zu eigen. Er begegnete den falschen Vorstellungen des jungen Mannes hinsichtlich der Sachlage zwar mit großer Gutmütigkeit, fühlte sich aber verpflichtet, in der Sache selbst fest zu bleiben. Alte Freunde kamen und gin-

gen geschäftig, freiwillige Schlichter erschienen aus allen drei Provinzen, legten auf den grauenhaftesten Straßen die größten Entfernungen zurück, um ihre Dienste anzubieten, und der Adelsmarschall (*ex officio* Vormund aller hochgeborenen Waisenkinder) berief eine Sitzung der Grundbesitzer zu dem Zwecke, »im Guten festzustellen, wie es zu dem Mißverständnis zwischen X und seinen Stiefsöhnen hat kommen können, und die geeigneten Maßnahmen zur Beseitigung desselben zu treffen«. Eine in diesem Sinne handelnde Abordnung suchte X auf, der sie zwar mit ausgezeichneten Weinen bewirtete, sich aber standhaft ihrem Vorbringen verschloß. Was nun die Schlichtungsversuche anging, so lachte er einfach darüber, und doch muß die gesamte Provinz gewußt haben, daß nur vierzehn Jahre zuvor, als er die Witwe heiratete, sein gesamtes Vermögen (abgesehen von seinen gesellschaftlichen Gaben) in einer schmucken, von vier Pferden gezogenen Kutsche und zwei Dienern bestanden hatte, mit denen er auf Besuch von einem Haus zum nächsten fuhr; daß er überhaupt irgendwelche Mittel besessen hat, erhellt aus der Tatsache, daß er stets mit größter Promptheit seine mäßigen Spielschulden beglich. Die magische Kraft ständiger Wiederholung brachte es aber zuwege, daß sich schon Leute fanden, die murmelten: »es muß doch wohl was dran sein«. An seinem nächsten Namenstag (den er durch eine drei Tage währende große Jagd zu feiern pflegte) erschienen von allen geladenen Gästen allerdings nur zwei, nämlich zwei entfernte Nachbarn ohne Belang, der eine ein notorischer Esel, der andere ein sehr frommer und ehrlicher Mann, der aber der Jagd so unrettbar verfallen war, daß er nach seinen eigenen Worten nicht einmal dem Teufel eine Einladung zu einer Jagdpartie abgeschlagen hätte. X trat dieser Manifestation der öffentlichen Meinung mit der Heiterkeit des blütenreinen Gewissens entgegen. Er dachte nicht daran, sich unterkriegen zu lassen. Und doch muß er ein Mann von tiefen

Empfindungen gewesen sein, denn als seine Frau sich offen auf die Seite der Kinder stellte, verlor er seine schöne Gelassenheit, beklagte sich laut als einen Mann mit gebrochenem Herzen und jagte sie zum Haus hinaus, wobei er in seinem Kummer einzig verfehlte, ihr Zeit genug zu lassen, ihre Sachen zu packen.

Dies war der Beginn eines Rechtsstreites, eines verabscheuungswürdigen Wunders an Schikane, der vermittels Dienstbarmachung aller Advokatenkniffe durch Jahre hingeschleppt wurde. Dieser Prozeß bot auch Gelegenheit, Güte und Mitgefühl zu beweisen. Alle Häuser der Nachbarschaft öffneten sich den Heimatlosen. Es fehlte keinen Augenblick an rechtlichem Beistand oder den Mitteln, den Prozeß fortzusetzen. X ging seinerseits umher und vergoß in aller Öffentlichkeit Tränen über die Undankbarkeit seiner Stiefkinder und die blinde Mutterliebe seiner Frau; da er aber gleichzeitig großes Geschick darin zeigte, beweiskräftige Dokumente verschwinden zu lassen (man verdächtigte ihn sogar, einen ganzen Stoß von für die Familie bedeutsamen Papieren verbrannt zu haben), mußte der skandalöse Rechtsstreit durch Kompromisse aus der Welt geschafft werden, wollte man das Schlimmste verhüten. Man einigte sich schließlich darauf, zur Abfindung sämtlicher Ansprüche aus dem umstrittenen Vermögen zwei Dörfer zu übereignen, mit deren Namen ich meine Leser nicht zu belästigen wünsche. Nach dieser lahmen und kraftlosen Einigung hatten weder die Frau noch die Stiefsöhne dem Manne, der der Welt ein so glänzendes Beispiel von Selbsthilfe vermöge Charakterfestigkeit, Entschlossenheit und Fleiß geliefert, ein Wort mehr zu sagen; und meine Urgroßmutter, deren Gesundheit vollständig ruiniert war, starb zwei Jahre darauf in Karlsbad. X, der sich nun auch vor dem Gesetz im Besitze seiner Beute bestätigt sah, gewann seine gewohnte Heiterkeit zurück und fuhr fort, in offensichtlicher Seelenruhe ein bequemes Leben in der Nachbarschaft zu genießen. Seine großen Jagden wurden wieder befriedigend frequentiert. Er erlahmte nie darin, allen möglichen Leuten zu versichern, daß er des Vergangenen wegen keinen Groll hege, und beteuerte aller Welt seine immerwährende Liebe zu Frau und Stiefkindern. Es sei zwar richtig, so sagte er, daß sie versucht hätten, ihn auszuplündern, bis er so nackt gewesen wäre wie ein türkischer Heiliger am Ende seiner Tage; und nur weil er sich gegen diese Ausplünderung gewehrt habe, wie jedermann es an seiner Stelle getan hätte, hätten sie ihn nun den Schrecken eines einsamen Alterns ausgeliefert. Doch habe seine Liebe zu ihnen alle diese grausamen Schläge überlebt. Und in diesen Beteuerungen mag wirklich eine Spur Wahrheit gesteckt haben, denn sehr bald schon machte er seinem ältesten Stiefsohn, meinem Großvater mütterlicherseits, Angebote der Freundschaft, und als diese entschieden zurückgewiesen wurden, erneuerte er sie wieder und wieder mit der für ihn bezeichnenden Beharrlichkeit. Jahrelang bestand er hartnäckig auf diesen Versöhnungsversuchen, versprach meinem Großvater, zu seinen Gunsten ein Testament aufzusetzen, wenn er ihm nur wenigstens so weit entgegenkommen wollte, ihn gelegentlich zu besuchen (man lebte nach dortigen Maßstäben recht nahe benachbart, nur etwa vierzig Meilen entfernt) oder wenigstens einmal im Jahr, zur großen Jagd am Namenstag, zu erscheinen. Mein Großvater war ein glühender Liebhaber jeder Art von Sport, und sein Charakter war so frei von Härte und Feindseligkeit, wie man sich das nur wünschen kann. Er war nicht nur ein Zögling der liberal eingestellten Benediktiner, die damals die einzige Schule von Bedeutung im Süden unterhielten, sondern hatte auch eine gründliche Kenntnis der Schriftsteller des achtzehnten Jahrhunderts. In ihm vereinigten sich christliche Nächstenliebe und philosophische Nachsicht für die Mängel der menschlichen Natur. Doch die Erinnerung an die elenden, angsterfüllten frühen

Jahre, seine Jünglingsjahre, die durch den Zynismus eines schmutzigen Rechtsstreites aller großmütigen Illusionen beraubt worden waren, stand dem Verzeihen im Wege. Er gab niemals der Verlockung der großen Jagd nach, und X, dessen Herz bis zum letzten Moment die Versöhnung erstrebte und dessen Testament zur Unterschrift bereit stets neben seinem Bett lag, starb, ohne ein Testament gemacht zu haben. Das Vermögen, das er durch kluge Manipulation erlangt und mit Umsicht verwaltet hatte, ging somit an entfernte Verwandte, die er nie gesehen und die nicht einmal seinen Namen trugen.

Unterdessen senkten sich die Segnungen des allgemeinen Friedens auf Europa. Herr Nikolas B. sagte seinem gastfreundlichen Verwandten, dem unschreckbaren österreichischen Offizier, Lebewohl, verließ Galizien, begab sich auf geradem Weg, ohne seinen Geburtsort zu berühren, wo der widerwärtige Rechtsstreit noch anhängig war, nach Warschau und trat in die Armee des neugeschaffenen, unter dem Szepter des Herrschers aller Reußen, Alexander I., stehenden Königreiches Polen ein.

Dieses Königreich, das der Wiener Kongreß einer Nation in Ansehung ihrer ehemals unabhängigen Existenz zuerkannt hatte, bestand nur aus den Zentralprovinzen des alten Erblandes Polen. Ein Bruder des Zaren, der Großfürst Konstantin (Pawlowitsch), Vizekönig und Oberkommandierender, in morganatischer Ehe einer polnischen Dame vermählt, mit der ihn eine wilde Neigung verband, übertrug diese Neigung auf das, was er »meine Polen« nannte, in launenhafter, toller Weise. Von bleicher Hautfarbe und tatarischen Gesichtszügen, pflegte er mit geballten Fäusten vornübergeneigt einherzugehen und unter einem unförmigen Dreispitz her mißtrauische Blicke aus wildglotzenden Äuglein zu werfen. Seine Intelligenz war begrenzt, und man zweifelte an seinem Verstande. Die schadhafte Erbmasse kam in seinem Falle nicht als Neigung zur Mystik zum Vorschein, wie bei den Brüdern Alexander und Nikolas (bei jedem auf andere Weise: der eine war mystisch liberal, der andere mystisch autokratisch), sondern in Form unberechenbarer Wutanfälle, die er im allgemeinen durch widerwärtigen Mißbrauch seiner Gewalt auf dem Exerzierplatz austobte. Er war glühender Militarist und ein leidenschaftlicher Exerziermeister. Er behandelte seine polnische Armee, wie ein Kind sein Lieblingsspielzeug behandelt, nur nahm er sie nicht ins Bett. Dazu war sie nicht klein genug. Er spielte mit ihr jedoch den ganzen Tag und alle Tage, denn die Vielfalt der hübschen Uniformen deuchte ihn köstlich, und unaufhörliches Exerzieren war ihm der höchste Spaß. Diese kindische Passion nicht für den Krieg, sondern für den reinen Militarismus hatte denn auch den gewünschten Erfolg. Um 1830 war die polnische Armee in ihrer Ausrüstung, ihrer Bewaffnung und ihrer Ausbildung nach damaligen Maßstäben ein erstklassiges taktisches Instrument. Polnische Bauern (nicht Leibeigene) dienten als Mannschaften, und die Offiziere gehörten in der Mehrzahl dem niederen Adel an. Herr Nikolas B. fand es dank seiner napoleonischen Vergangenheit nicht schwer, eine Leutnantsstelle zu erlangen, doch befördert wurde in der polnischen Armee nur langsam, denn als eine eigenständige Organisation nahm sie an den Kriegen, die das Russische Reich gegen Persien und die Türkei führte, nicht teil. Ihre erste Kampagne, die sich gegen Rußland selbst richtete, war zugleich ihre letzte. Als 1831 die Revolution ausbrach, war Herr Nikolas B. dienstältester Kapitän seines Regimentes. Eine Weile zuvor war er Chef der Remontenabteilung geworden; sie befand sich außerhalb des Königreiches, in unseren Südprovinzen, die fast alle Pferde für die polnische Kavallerie lieferten. Zum erstenmal, seit er mit achtzehn Jahren von zu Hause fortgegangen war, um in der Schlacht von Friedland das Leben des Soldaten zu beginnen, atmete Herr Nikolas B. wieder die Luft der »Grenze«, die heimatliche Luft. Doch auf dem Schauplatz seiner Jugend lauerte schon ein ungutes Schicksal. Bei der ersten Nachricht vom Aufstand in Warschau wurde die gesamte Remontenabteilung, Offiziere, Tierärzte, ja sogar die Soldaten unverzüglich verhaftet und über den Dnjepr hinweg in die nächste russische Stadt geschafft. Von dort aus wurden sie in die fernsten Teile des Reiches verschickt. Bei dieser Gelegenheit drang Herr Nikolas B. sehr viel tiefer nach Rußland vor, als er es bei Gelegenheit des napoleonischen Einfalles getan, wenn auch viel weniger freiwillig. Astrachan war sein Bestimmungsort. Hier verblieb er drei Jahre lang. Es war ihm gestattet, frei in der Stadt zu wohnen, doch mußte er sich täglich um die Mittagsstunde beim Militärkommandanten melden, der ihn dann meist auf eine Pfeife und ein Schwätzchen dabehielt. Es ist nicht leicht zu sagen, was man sich unter einem Schwätzchen mit Herrn Nikolas B. vorzustellen hat. Hinter seiner Schweigsamkeit muß gebändigte Wut gelodert haben, denn der Kommandant teilte ihm die Nachrichten vom Kriegsschauplatz mit, und diese Nachrichten lauteten, wie nicht anders zu erwarten, sehr ungünstig für die Polen. Herr Nikolas B. nahm diese Nachrichten äußerlich gelassen hin, doch der Russe legte echtes Mitgefühl mit seinem Gefangenen an den Tag. »Da ich selbst Soldat bin, verstehe ich Ihre Gefühle. Selbstverständlich wären Sie gerne im dicksten Getümmel. Beim Himmel! Ich habe eine Schwäche für Sie, und hätte ich nicht Gehorsam geschworen, ich würde Sie auf meine eigene Verantwortung ziehen lassen. Was kann es nun schon ausmachen, ob da einer mehr oder weniger von Ihnen kämpft?«

Dann wieder staunte er einfältig: »Sagen Sie doch, Nikolas Stepanowitsch« (meines Urgroßvaters Name war Stepan, und der Kommandant gebrauchte die russische Anredeform) – »sagen Sie doch, wie kommt es nur, daß ihr Polen euch immer zu Unannehmlichkeiten einbrockt? Was konntet ihr denn schon erwarten, wenn ihr Rußland angreift?«

Er war auch zu philosophischen Betrachtungen imstande. »Sehen Sie sich mal Ihren Napoleon an. Ein großer Mann. Man kann nicht bestreiten, daß er ein großer Mann war, solange er sich begnügte, diese Deutschen und Österreicher und all die anderen Nationen da durchzubläuen. Aber nein! Er muß nach Rußland gehen und sich Unannehmlichkeiten zuziehen. Und welche Folgen hat das? So wie Sie mich hier sehen, habe ich meinen Säbel über das Straßenpflaster von Paris scheppern lassen.«

Wenn man Herrn Nikolas B. nach seiner Rückkehr dazu bringen konnte, von seinem Exil zu berichten, so nannte er diesen Russen »ehrenwert, aber dumm«. Nachdem er das Angebot zurückgewiesen hatte, in die russische Armee einzutreten, wurde er mit halben Bezügen zur Ruhe gesetzt. Sein Neffe (mein Onkel und Vormund) erzählte mir, er habe seine erste unverwischbare Erinnerung als Vierjähriger erhalten, und zwar sei sie mit der freudigen Erregung in seinem Elternhaus anläßlich der Rückkehr des Herrn Nikolas B. aus seiner Haft in Rußland verbunden gewesen.

Jede Generation hat ihre eigenen Erinnerungen. Die ersten Erinnerungen des Herrn Nikolas B. mögen von den Umständen geformt worden sein, welche die letzte Teilung Polens begleiteten, und er lebte lange genug, um unter den Folgen des letzten bewaffneten Aufstandes von 1863 zu leiden, ein Ereignis, das die Zukunft meiner Generation beeinflußte und auf meine frühesten Eindrücke abgefärbt hat.

Da sein Bruder verstorben war, in dessen Haus er gute siebzehn Jahre lang seine menschenfeindliche Zaghaftigkeit den gewöhnlichsten Problemen des Alltags gegenüber verborgen hatte, mußte er all seinen Mut zusammennehmen und beschließen, wie er in Zukunft leben wollte. Nach langem, qualvollem Zaudern ließ er sich schließlich bestimmen, Pächter eines fünfzehnhundert Hektar umfassenden Gutes zu werden, das einer seiner Bekannten in der Nachbarschaft besaß. Der Pachtvertrag war günstig, doch glaube ich, daß die Abgelegenheit des Dorfes und das bequeme, gut gehaltene Haus die stärksten Verlockungen waren. Hier lebte er still etwa zehn Jahre lang. Er sah nur sehr wenige Leute bei sich und nahm auch an den öffentlichen Angelegenheiten der Provinz, soweit davon unter einer willkürlichen bürokratischen Tyrannei die Rede sein konnte, nicht teil. Sein Charakter und sein Patriotismus waren über jedes Mißtrauen erhaben, doch die Männer, die den Aufstand vorbereiteten, vermieden es bei ihren unablässigen Reisen peinlich, sich seinem Haus auch nur zu nähern. Man war allgemein der Meinung, die Ruhe der letzten Jahre des alten Mannes dürfe nicht gestört werden. Selbst die intimsten Freunde, zum Beispiel mein Großvater väterlicherseits, ein Waffenkamerad aus dem Feldzug Napoleons gegen Rußland, später ebenfalls Offizier in der polnischen Armee, unterließen alle Besuche bei ihrem Freunde, als der für den Aufstand vorgesehene Tag näherrückte. Die beiden Söhne und die Tochter meines Großvaters väterlicherseits steckten tief in der revolutionären Arbeit; er selber gehörte zu jenem Typ des polnischen Landedelmannes, dessen Vorstellung von patriotischer Betätigung in dem Ausruf gipfelte: »Aufs Pferd und hinaus mit ihnen!« Doch selbst er teilte die allgemeine Ansicht, man dürfe »den armen Nikolas nicht beunruhigen«. Alle diese behutsame Vorsicht von seiten der Freunde, seien sie Verschwörer oder nicht, hinderte nicht, daß Herr Nikolas B. die Fehlschläge jenes unter einem schlechten Stern stehenden Jahres zu spüren bekam.

Keine achtundvierzig Stunden nach dem Ausbruch der Rebellion in jenem Landesteil ritt eine streifende Kosakenschwadron durch das Dorf und besetzte das Herrenhaus. Die meisten Reiter blieben zwischen dem Wohnhaus und den Ställen, einige jedoch saßen ab und durchsuchten die weiter entfernt stehenden Gebäude. Der kommandierende Offizier kam, von zwei

Soldaten begleitet, vor die Haustür. In diesem Teil des Hauses waren alle Fenster verhängt. Der Offizier sagte zu dem öffnenden Diener, er wolle den Herrn sprechen. Der Diener antwortete, der Herr sei abwesend, was zutraf.

Ich folge jetzt dem Bericht, den der Diener den Freunden und Verwandten meines Großonkels gegeben hat und den ich sie wiederholen hörte.

Als er diese Antwort vernahm, trat der Kosakenoffizier, der auf der Veranda stehengeblieben war, ins Haus.

»Wo ist der Herr denn?«

»Unser Herr ist nach J... gefahren« (so hieß die etwa fünfzig Meilen entfernte Gouvernementstadt). »Vorgestern schon.«

»Es stehen nur zwei Pferde im Stall. Wo sind die anderen?«

»Unser Herr reist stets mit den eigenen Pferden« (sollte heißen, nicht mit der Post). »Er wird eine Woche oder länger fortbleiben. Er hatte die Güte, mir zu sagen, daß er etwas auf der Zivilkammer zu erledigen habe.«

Während der Diener sprach, sah sich der Offizier in der Halle um. Eine Tür lag ihm gerade gegenüber, eine andere führte nach rechts, eine dritte nach links. Der Offizier entschied sich dafür, das Zimmer zur Linken zu betreten, und befahl, die Vorhänge aufzuziehen. Es war dies das Arbeitszimmer des Herrn Nikolas B., in dem sich zwei hohe Bücherregale, etliche Bilder und anderes befanden. Außer dem großen Mitteltisch, auf dem Bücher und Zeitschriften lagen, gab es noch einen zierlichen Schreibtisch mit mehreren Schubladen, der zwischen Tür und Fenster stand, wo das Licht gut war. An diesem Tisch schrieb und las mein Großonkel für gewöhnlich.

Als der Diener die Vorhänge wegzog, sah er zu seiner Verblüffung die gesamte männliche Dorfbevölkerung sich vorm Haus drängen und die Blumenbeete zertrampeln. Es waren auch etliche Weiber dazwischen. Er sah erleichtert den Dorfpriester (orthodoxen Bekenntnisses) die Auffahrt heraufkom-

men. Der gute Mann hatte in seiner Eile den Talar bis über die Ränder der Stiefelschäfte hinauf geschürzt.
Der Offizier hatte die Buchrücken in den Regalen betrachtet. Nun ließ er sich auf der Kante des Mitteltisches nieder und bemerkte lässig:
»So hat der Herr dich also nicht mit zur Stadt genommen?«
»Ich bin der älteste Diener, und er vertraut mir in seiner Abwesenheit das Haus an. Ein starker junger Bursche reist mit unserem Herrn. Falls, was Gott verhüte, auf der Reise ein Unfall vorkommen sollte, so kann der mehr von Nutzen sein, als ich es könnte.«
Der Diener blickte verstohlen aus dem Fenster und sah, daß der Priester auf die Menge einredete und die Aufregung nach Kräften zu dämpfen suchte. Drei oder vier Männer sprachen unterdessen mit den Kosaken an der Tür.
»Und du glaubst nicht, daß dein Herr vielleicht weggefahren ist, um sich den Aufständischen anzuschließen, wie?« fragte der Offizier.
»Dazu ist unser Herr gewiß zu alt. Er ist weit über siebzig und nicht mehr der Stärkste. Er hat seit Jahren nicht mehr zu Pferde gesessen, und marschieren kann er nicht mehr gut.«
Der Offizier saß auf dem Tisch und ließ die Beine baumeln, sehr still und gleichgültig. Jetzt war es den Männern, die zuvor mit den Kosaken geredet hatten, erlaubt worden, die Halle zu betreten. Aus der Menge folgten ihnen noch zwei oder drei. Insgesamt waren es sieben, darunter der Hufschmied, ein ehemaliger Soldat. Der Diener wandte sich ehrerbietig an den Offizier.
»Wollen Euer Gnaden die Güte haben, diesen Leuten zu sagen, sie möchten in ihre Häuser zurückkehren? Warum wollen sie sich hier hereindrängen? Es gehört sich nicht, daß sie sich in Abwesenheit unseres Herrn so aufführen, und ich bin verantwortlich für alles.«

Der Offizier lachte nur ein wenig und erkundigte sich ein Weilchen später:
»Habt ihr Waffen im Haus?«
»Ja, natürlich. Einige alte Sachen.«
»Bring sie alle her, hier auf den Tisch.«
Der Diener versuchte von neuem, sich einigen Schutzes zu versichern. »Wollen Euer Gnaden nicht so gütig sein, diesen Burschen...«
Der Offizier jedoch sah ihn schweigend dergestalt an, daß er den Versuch sogleich aufgab und im Abgehen den Aufwärter heranrief, der ihm mit den Waffen zur Hand gehen sollte. Unterdessen schlenderte der Offizier durch alle Zimmer des Hauses, betrachtete alles aufmerksam und berührte nichts. Die Bauern wichen zurück und nahmen die Mützen ab, als er durch die Halle ging. Er sagte kein Wort zu ihnen. Als er wieder ins Arbeitszimmer kam, lagen alle im Hause befindlichen Waffen auf dem Tisch ausgebreitet. Es waren zwei große Reiterpistolen mit Feuersteinschloß aus napoleonischer Zeit, zwei Reitersäbel, einer von französischer, der andere von polnischer Herkunft, und eine oder zwei Vogelflinten.
Der Offizier öffnete das Fenster und warf Pistolen, Säbel und Flinten eines ums andere hinaus, und seine Soldaten liefen herzu, um sie aufzuheben. Die Bauern in der Halle schöpften aus diesem Verhalten Mut und drängten verstohlen hinter ihm her ins Arbeitszimmer. Er gab durch nichts zu erkennen, daß er sich ihrer Anwesenheit bewußt war, und da sein Auftrag ganz offenbar ausgeführt war, verließ er wortlos und gewichtigen Schrittes das Haus. Kaum war er gegangen, da stülpten die Bauern im Arbeitszimmer die Mützen auf und begannen einander anzugrinsen.
Die Kosaken ritten davon, sie ritten aus dem Hof gleich auf die Äcker hinaus. Der Priester, der immer noch auf die Bauern einredete, bewegte sich langsam die Auffahrt hinunter, und

seine würdige Beredsamkeit zog den schweigenden Pöbel mit, weg vom Haus. Man muß den Priestern der griechischen Kirche Gerechtigkeit widerfahren lassen: obgleich Fremde in ihren Gemeinden (man hatte sie alle aus dem Inneren Rußlands geholt), benutzten doch die meisten von ihnen all ihren Einfluß, um der Sache des Friedens und der Menschlichkeit zu dienen. Getreu ihrer Berufung, suchten sie die Erregung der aufgerührten Bauern zu dämpfen und, wo immer möglich, nach Kräften Raub und Gewalt zu verhindern. Und diese Bemühung unternahmen sie gegen den unmißverständlich ausgesprochenen Wunsch der Behörden. Man hat einige von ihnen später dafür mit Versetzung in den hohen Norden oder in sibirische Gemeinden bestraft.

Der Diener war darauf bedacht, diese wenigen ins Haus eingedrungenen Bauern loszuwerden. Wie, so fragte er sie, betrügen sie sich eigentlich gegen einen Mann, der nur der Pächter sei, einen Mann, der zehn Jahre hindurch gut und freundlich an ihnen gehandelt, der noch vorgestern eingewilligt habe, zwei seiner Wiesen der Dorfherde zu überlassen? Er erinnerte sie auch an Herrn Nikolas B.s Sorge für die Kranken während der Cholera. Jedes einzelne Wort entsprach der Wahrheit und war so wirkungsvoll, daß die Kerle schon anfingen, sich unentschlossen am Kopf zu kratzen. Dann deutete der Sprecher zum Fenster und rief: »Seht, da gehen eure Leute ruhig von dannen, und ihr törichten Burschen solltet lieber machen, daß ihr wegkommt und Gott bitten, euch eure bösen Gedanken zu vergeben.«

Diese Aufforderung auszusprechen, war kein guter Einfall. Als sie sich ungeschickt zum Fenster drängten, um zu sehen, ob der Diener die Wahrheit spreche, stießen die Lümmel den kleinen Schreibtisch um. Als er stürzte, hörte man Münzen klirren. »Da ist Geld drin!« rief der Schmied, und gleich darauf war auch schon die Schreibtischplatte eingeschlagen, und man sah im oberen Schubfach achtzig Goldstücke liegen. Goldstücke waren schon damals in Rußland ein seltener Anblick, und er brachte die Bauern außer Rand und Band. »Es muß noch mehr davon im Haus sein, und wir werden es uns holen«, schrie der ehemalige Soldat und Hufschmied. »Es ist Krieg!« Die anderen riefen bereits aus dem Fenster der Menge zu, umzukehren und zu helfen. Der Priester, der sich plötzlich allein am Tor stehen sah, warf die Arme hoch und eilte von dannen, um nicht sehen zu müssen, was nun vorgehen sollte.

Auf der Suche nach Geld zertrümmerte dieser bukolische Pöbel alles und jedes im Haus. Man zerschnitt Bezüge und Polster, man spaltete die Möbel, und am Ende hielten, wie der Diener berichtete, im ganzen Haus keine zwei Stücke Holz mehr zusammen. Etliche sehr kunstvolle Spiegel wurden zerschlagen, dazu sämtliche Fenster und jedes Stück Glas oder Porzellan. Bücher und Papiere warf man auf den Rasen hinunter und setzte sie dort in Brand, offenbar einzig zum Vergnügen. Das eine und einzige Stück, das sie unversehrt ließen, war ein kleines Kruzifix aus Elfenbein, das von der Wand des verwüsteten Schlafzimmers herab auf einen Haufen aus Fetzen, Mahagonystücken und zersplitterten Brettern blickte, der vormals das Bett des Herrn Nikolas B. gewesen war. Als sie den Diener dabei erwischten, daß er sich mit einer lackierten Blechkassette im Arme davonmachen wollte, entrissen sie ihm dieselbe und stießen ihn, der ihnen solches verwehren wollte, aus einem Fenster des Eßzimmers hinaus. Das Haus war zwar eingeschossig, aber doch so erhöht über dem Boden gebaut, daß der Fall bedeutend war und der Diener bewußtlos liegenblieb, bis gegen Abend der Koch und ein Stallbursche aus ihren Verstecken hervorkamen und ihn wegtrugen. Da war der Pöbel bereits unter Mitnahme der Blechkassette abgezogen, den er mit Papiergeld gefüllt wähnte. In einiger Entfernung vom Haus, auf freiem Felde, erbrach man sie und fand auf Pergament mundierte Urkunden, dazu die beiden Kreuze, das der Ehrenlegion und das Für Tapferkeit. Beim Anblick dieser Gegenstände, die, wie der Hufschmied erläuterte, Ehrenzeichen seien, die einzig der Zar verleihe, bekamen sie es ihrer Aufführung wegen fürchterlich mit der Angst zu tun. Sie warfen alles in einen Graben und zerstreuten sich hastig.

Als er von diesem letzten Verlust erfuhr, brach Herr Nikolas B. vollständig zusammen. Die Plünderung seines Hauses schien ihn nicht so sehr zu berühren. Noch während er an den Folgen des Schreckens zu Bett lag, fand man die beiden Kreuze und brachte sie ihm. Das trug ein wenig zu seiner mählichen Genesung bei, doch die Kassette und die Urkunden, nach denen man alle Gräben in der Nachbarschaft absuchte, tauchten nie wieder auf. Er konnte den Verlust der Urkunde, mit der er zum Ritter der Ehrenlegion ernannt worden war, niemals verwinden. Die Präambel, in der seine Verdienste aufgeführt wurden, wußte er auswendig und sagte sie, nachdem dieser Schlag ihn getroffen hatte, manchmal ungebeten auf, wobei ihm die Tränen in den Augen standen. Der Wortlaut der Verleihungsurkunde verfolgte ihn in den letzten beiden Jahren seines Lebens offenbar derart, daß er ihn vor sich hin zu sprechen pflegte. Dies bestätigt die Bemerkung, die der alte Diener gelegentlich seinem Freunde gegenüber tat: »Es bedrückt mein Herz, daß ich hören muß, wie unser Herr des Nachts in seinem Zimmer auf und ab geht und laut in französischer Sprache betet.«

Es muß etwas mehr als ein Jahr danach gewesen sein, als ich Herrn Nikolas B. zum letztenmal sah oder, genauer, er mich. Das geschah, wie ich schon berichtete, als meine Mutter auf drei Monate ihr Exil mit dem Hause ihres Bruders vertauschen durfte, wohin von nah und fern Verwandte und Freunde kamen, um ihr Ehre zu erweisen. Es ist unvorstellbar, daß Herr Nikolas B. nicht darunter gewesen sein soll. Die Frau, die er, nach Jahren des Krieges und des Exils heimkehrend, noch als Kind in den Armen gehalten hatte, bekannte nun ihrerseits den Glauben an die nationale Erlösung, indem sie ebenfalls die Leiden des Exils auf sich nahm. Ich weiß nicht, ob er am Tage unserer Abreise anwesend war. Ich habe bereits zugegeben, daß ich in ihm fast ausschließlich den Mann sehe, der in seiner Jugend in düsterer Waldestiefe gebratenen Hund gegessen hat. Meine Erinnerung kann ihn sich auf keinem anderen Schauplatz denken. Eine gebogene Nase, glattes weißes Haar, ein nicht deutlich placierter, flüchtiger Eindruck von einer mageren, dürren, steifen Gestalt in militärisch hochgeschlossenem Rock – das ist alles, was noch auf Erden von Herrn Nikolas B. geblieben ist; nur dieser ungewisse Schatten, den das Gedenken seines Großneffen beschwört, dieses vermutlich letzten Überlebenden all derer, die er im Laufe seines schweigsamen Lebens kennengelernt hat.

Ich erinnere mich aber noch gut des Tages, an dem wir in unser Exil zurückfuhren. Die längliche, bizarre, schäbige Reisekutsche vor der weitläufigen, von acht Säulen getragenen Front des Hauses, je vier Säulen zu seiten der breiten Treppe; auf den Stufen Gruppen von Dienern, etliche Verwandte, ein oder zwei Freunde aus der nächsten Nachbarschaft, dabei völlige Stille und auf allen Gesichtern ein Ausdruck nüchterner Konzentration; meine Großmutter, ganz in Schwarz und stoisch dreinblickend; mein Onkel, der meiner Mutter den Arm reicht, um sie zur Kutsche zu führen, in die man mich bereits gesetzt hat; ganz oben auf der Treppe meine kleine Kusine in kurzem Schottenröckchen mit viel Rot darin, von den Damen ihres eigenen Hofstaates umgeben wie eine kleine Prinzessin: die Obergouvernante, unsere liebe dicke Francesca (seit dreißig Jahren im Dienste der Familie B.), die frühere Amme, nunmehr Kinderwärterin bei Ausgängen, ein hübsches, bäuerliches, Mitleid ausdrückendes Gesicht; die gute, häßliche Mlle. Durand, die Gouvernante, deren schwarze Brauen sich über der kurzen, dicken Nase begegneten und deren Haut aussah wie blaßbraunes Papier. Von allen Augenpaaren, die auf die Kutsche gerichtet waren, fielen einzig aus dem ihren Tränen, und einzig ihre schluchzende Stimme durchbrach die Stille mit der an mich gerichteten Bitte: »*N'oublie pas ton français, mon chéri.*« In drei Monaten hatte sie mich, einfach indem sie mit uns spielte, das Französische nicht nur sprechen, sondern auch lesen gelehrt. Fürwahr, eine ausgezeichnete Spielgefährtin. Etwas weiter weg, etwa in der Mitte zwischen uns und dem Tor, stand ein leichter offener Wagen, nach russischer Manier mit drei Pferden bespannt, und darin saß der Polizeihauptmann des Kreises, der den Schirm der Mütze mit dem roten Band tief über die Augen gezogen hatte.

Sonderbar, daß er gekommen sein sollte, um unsere Abfahrt so sorgfältig zu überwachen. Ich habe durchaus nicht die Absicht, mich über die sehr berechtigte Furcht der Imperialisten dieser Welt lustig zu machen, doch darf ich mir wohl gestatten, der Ansicht zu sein, daß eine Frau, die von den Ärzten praktisch aufgegeben worden ist, und ein Knabe von sechs Jahren im Ernst doch kaum für gefährlich gelten können, auch nicht gegenüber dem größten aller vorstellbaren Reiche, auf dem die heiligsten Verpflichtungen lasteten. Und dieser gute Mensch dachte, glaube ich, ebenso.

Ich erfuhr später, warum er an jenem Tage gegenwärtig gewesen war. Ich kann mich zwar nicht an irgendwelche Anzeichen erinnern, doch scheint es, als sei meine Mutter etwa vier Wochen vor unserer Abreise so krank geworden, daß man zweifelte, ob sie imstande sein werde, rechtzeitig zu reisen. In dieser Ungewißheit ersuchte man den Generalgouverneur in Kiew, ihr zu gestatten, weitere vierzehn Tage im Hause des Bruders zu verbringen. Dieses Gesuch wurde niemals beantwortet, doch eines Tages, schon gegen Abend, fuhr der Polizei-

hauptmann vor und sagte zu dem Kammerdiener meines Onkels, der herausgelaufen kam, um ihn zu empfangen, er müsse sogleich den Herrn, und zwar allein, sprechen. Der Diener, der sehr beeindruckt war (er glaubte nämlich, es handele sich um eine Verhaftung), geleitete ihn auf Zehenspitzen, um die Damen nicht aufmerksam zu machen, »mehr tot als lebendig vor Angst«, wie er später berichtete, in den dunklen Salon (dieser wurde nicht allabendlich erleuchtet) und führte ihn durch die Orangerie zu den Privatgemächern meines Onkels.
Der Polizist drückte meinem Onkel ohne weitere Einleitung ein Papier in die Hand.
»Da. Lesen Sie das freundlichst. Ich dürfte Ihnen dieses Schreiben nicht zeigen. Es ist unrecht von mir. Doch ich kann weder essen noch schlafen, solange mir diese Aufgabe bevorsteht.«
Der Polizeihauptmann, ein Großrusse, diente seit vielen Jahren schon in jenem Kreis.
Mein Onkel entfaltete und las das Dokument. Es war eine dienstliche Anordnung vom Sekretariat des Generalgouverneurs, die sich mit dem Gesuch befaßte und den Polizeihauptmann anwies, alle Vorstellungen und Erklärungen bezüglich dieser Krankheit nicht zur Kenntnis zu nehmen, gleichgültig, ob sie von Medizinern oder anderen Personen vorgebracht würden; »und haben Sie«, so fuhr die Anweisung fort, »falls die bezeichnete Person am Morgen des in der Genehmigung angegebenen Tages nicht das Haus ihres Bruders verlassen sollte, dieselbe unter Bedeckung unmittelbar« (dies unterstrichen) »ins Gefängnishospital von Kiew zu bringen, wo ihr die ihren Beschwerden gebührende Behandlung zuteil werden wird.«
»Bitte, Herr B., sorgen Sie um Gottes willen dafür, daß Ihre Schwester am vorgeschriebenen Tage pünktlich abreist. Ersparen Sie es mir, so mit einer Frau, mit einem Mitglied Ihrer Familie verfahren zu müssen. Ich kann den Gedanken daran gar nicht ertragen.«

Er rang geradezu die Hände. Mein Onkel betrachtete ihn wortlos.
»Ich danke Ihnen für diese Warnung. Ich versichere Ihnen: selbst wenn sie im Sterben liegt, soll sie in die Kutsche getragen werden.«
»Ja – natürlich – es wäre ja auch einerlei – nach Kiew oder zurück zu ihrem Gatten – denn fahren müßte sie, sterbend oder nicht. Und noch eins, Herr B. Ich werde am angegebenen Tag anwesend sein, nicht weil ich Ihrem Versprechen mißtraue, sondern weil es mir befohlen ist. Ich muß meine Pflicht tun. Aber kein Hund möchte mehr mit mir tauschen, seit einige von euch Polen das Putschen nicht lassen können und alle darunter zu leiden haben.«
Deshalb also saß er in der offenen Troika zwischen dem Haus und dem Tor. Ich bedauere, nicht in der Lage zu sein, den Namen dieses Menschen der Verachtung all jener preiszugeben, die an das Recht des Eroberers glauben und einen beklagenswert empfindsamen Beschützer imperialer Größe in ihm sehen. Andererseits ist es mir möglich, den Namen jenes Generalgouverneurs anzugeben, der den Befehl unterzeichnet und an den Rand geschrieben hat: »Buchstäblich auszuführen.« Dieser Herr hieß Bezak. Ein hoher Würdenträger, ein energischer Beamter, vorübergehend das Idol der patriotischen russischen Presse.
Jede Generation hat ihre eigenen Erinnerungen.

IV

Man darf nun nicht annehmen, ich hätte, während ich die Erinnerungen jener halben Stunde niederschreibe, die von dem Augenblick, da mein Onkel das Zimmer verließ, bis zu unserem neuerlichen Zusammentreffen am Eßtisch verstrich, ›Almayers Wahn‹ aus den Augen verloren. Indem ich gestanden habe, daß mich der Müßiggang dazu verführte, die Arbeit an meinem ersten Buch zu beginnen – es war eine Ferienarbeit –, habe ich wohl auch den Eindruck erweckt, daß es sich dabei um ein recht verspätetes Buch handelt. Ich habe es nie ganz aus dem Sinn verloren, auch nicht, als die Hoffnung, es je beenden zu können, sehr gering war. Viele Dinge erschwerten seinen Weg: die täglichen Pflichten, neue Eindrücke, alte Erinnerungen. Es handelte sich dabei ja auch nicht um das Ergebnis eines Zwanges – jenes berühmten Zwanges zum Ausdruck, auf den der Künstler bei der Suche nach einem Motiv für sein Handeln stößt. Die Notwendigkeit, die mich zwang, war eine versteckte, dunkle Notwendigkeit, ein ganz und gar vermummtes, unerklärliches Phänomen. Vielleicht hatte auch ein gelangweilter, frivoler Zauberer (es muß in London Zauberer geben) mich durchs Wohnzimmerfenster hindurch behext, während ich einsam, ohne Karte und Kompaß dahinschlendernd, das Gewirr der Straßen im Osten und Westen erforschte. Ehe ich damit begann, jenen Roman zu schreiben, hatte ich nichts als Briefe geschrieben, und nicht einmal besonders viele. In meinem ganzen Leben habe ich mir nie eine Tatsache, einen Eindruck, eine Anekdote notiert. Als ich mich zum Schreiben hinsetzte, lag mir der Gedanke an ein geplantes Buch völlig fern;

der Ehrgeiz, ein Autor zu sein, nahm niemals in den anmutigen, imaginierten Existenzen, die man sich gelegentlich in der Stille und Unbeweglichkeit eines Tagtraumes erschafft, Gestalt an: doch es ist so unübersehbar wie die Sonne am Mittag, daß, als ich die erste Seite von ›Almayers Wahn‹ mit Buchstaben gefüllt hatte (auf dieser Seite standen etwa zweihundert Wörter, und in all den fünfzehn Jahren meines Lebens als Schriftsteller ist diese Zahl von Wörtern pro Seite etwa gleich geblieben), daß also von dem Augenblick an, da ich in der Schlichtheit meiner Seele und der staunenswerten Einfalt meines Gemütes jene erste Seite geschrieben hatte, die Würfel gefallen waren. Niemals ist der Rubikon so blindlings, so ohne Anrufung der Götter, so ohne Furcht vor den Menschen überschritten worden.

An jenem Morgen stand ich vom Frühstückstisch auf und schellte heftig, vielleicht sollte ich sagen entschieden, vielleicht aber auch eifrig, ich weiß es nicht. Es muß aber ein besonderes Schellen gewesen sein, ein gewöhnliches Geräusch, verwandelt in ein gewichtiges Geräusch, wie das Schellen der Klingel, das dem Anheben des Vorhanges zu neuer Szene voraufgeht. Daß ich schellte, war bereits ungewöhnlich. Im allgemeinen trödelte ich beim Frühstück; ich machte mir auch höchst selten die Mühe zu schellen, um den Tisch abräumen zu lassen. An jenem Morgen indessen, getrieben von einer in der Rätselhaftigkeit des Ereignisses verborgenen Ursache, trödelte ich nicht. Doch war ich auch wieder nicht in Eile. Ich zog lässig die Klingelschnur. Und während es irgendwo unten im Keller leise bimmelte, stopfte ich auf die übliche Art meine Tabakspfeife, und die Blicke, die ich auf der Suche nach den Streichhölzern umherwandern ließ, sprachen gewiß von Verstörung, keineswegs aber, und darauf möchte ich schwören, von Raserei. Ich war immerhin so gefaßt, daß es mir nach einer Weile gelang, die Streichhölzer unmittelbar vor meiner Nase auf dem Sims des Kamins zu entdecken. Und das alles war von der schönsten, beschwichtigendsten Gewöhnlichkeit. Ehe ich noch das Streichholz fortgeworfen hatte, erschien die Tochter meiner Wirtin in der Tür und sah mich aus ihrem blassen, ruhigen Gesicht fragend an. Seit kurzem war es die Tochter der Wirtin, die auf mein Schellen zu erscheinen pflegte. Ich erwähne diesen Umstand mit Stolz, denn er beweist, daß ich während der dreißig oder vierzig Tage meines Aufenthaltes einen günstigen Eindruck gemacht hatte. Schon zwei Wochen lang war mir der unerfreuliche Anblick der Haussklavin erspart geblieben. In jenem Haus in Bessborough Gardens wechselten die Dienstmädchen häufig, doch klein oder groß, hell oder dunkel, stets waren sie unordentlich und bekleckert; es war, als lebten wir in einer trübseligen Umkehrung des Märchens und die Ascheimerkatze sei in das Dienstmädchen verwandelt worden. Ich war mir der Auszeichnung durchaus bewußt, die darin lag, daß die Tochter der Wirtin mich bediente. Sie war blutarm, aber reinlich.

»Wollen Sie bitte sogleich alles abräumen?« sagte ich in entschiedenem Ton zu ihr und versuchte gleichzeitig, meine Tabakspfeife richtig in Gang zu setzen. Es war das, wie ich zugebe, ein ungewöhnliches Ansinnen. Im allgemeinen pflegte ich mich nach dem Frühstück mit einem Buch ans Fenster zu setzen und den Zeitpunkt des Abräumens den Mädchen zu überlassen; sollte man aber hieraus schließen, daß ich an jenem Morgen besonders ungeduldig gewesen wäre, so hätte man unrecht. Ich weiß noch, daß ich völlig ruhig war. Tatsächlich war es mir gar nicht ausgemacht, daß es mich zu schreiben drängte, daß ich zu schreiben beabsichtigte, daß ich überhaupt Anlaß hatte zu schreiben. Nein, ungeduldig war ich nicht. Ich stand zwischen Kamin und Fenster und wartete nicht einmal bewußt darauf, daß abgeräumt werde. Es stand zehn zu eins, daß ich, noch ehe die Tochter meiner Wirtin fertig sein würde, ein Buch zur Hand nähme und mir den Vormittag damit in angenehm indolenter Stimmung vertriebe. Ich behaupte das mit Überzeugung, und doch weiß ich jetzt nicht einmal mehr, was es für Bücher waren, die im Zimmer umherlagen. Doch was sie auch gewesen sein mögen, Werke großer Meister, in denen das Geheimnis der klaren Gedanken und des treffenden Ausdrucks gefunden werden kann, waren es nicht. Seit meinem fünften Lebensjahr war ich ein eifriger Leser, was nicht verwunderlich ist bei einem Kind, das sich nicht erinnert, je lesen gelernt zu haben. Mit zehn Jahren hatte ich viel von Victor Hugo und anderen Romantikern gelesen. Ich hatte polnisch und französisch gelesen, Geschichtliches, Reisebeschreibungen und Romane. Ich kannte ›Gil Blas‹ und ›Don Quijote‹ in gekürzten Ausgaben; als Knabe hatte ich polnische und auch einige französische Dichter gelesen, doch kann ich nicht mehr sagen, was ich an jenem Abend las, ehe ich selber zu schreiben begann. Ich glaube, es war einer der Romane von Anthony Trollope. Sehr wahrscheinlich war es so. Ich hatte ihn kurz zuvor erstmals gelesen. Er ist einer jener englischen Romanciers, deren Werke ich in englischer Sprache kennenlernte. Bei Autoren, die einen europäischen Ruf hatten, wie Dickens, Walter Scott, Thackeray, war das nicht so. ›Nicholas Nickleby‹ war das Buch, das mich in die englische Belletristik einführte. Es war verblüffend, wie gut Mrs. Nickleby es verstand, in polnischer Sprache unzusammenhängend zu schwätzen, wie der unheimliche Ralph auf polnisch toben konnte. Was die Familie Crummels und die gelehrte Familie Squeers angeht, so sprachen diese das Polnische wie ihre Muttersprache. Es muß sich da ohne Zweifel um eine vorzügliche Übersetzung gehandelt haben. Das dürfte um das Jahr 1870 herum gewesen sein. Ich glaube übrigens, daß ich mich doch irre, daß nicht dieses Buch mich in die englische Literatur eingeführt hat. Meine erste Bekanntschaft aus der englischen Literatur waren ›Zwei Herren

aus Verona‹, überdies im Manuskript der Übertragung meines Vaters. Das war während unseres Exils in Rußland, und es konnte seit dem Tode meiner Mutter noch kein Jahr vergangen sein, denn ich erinnere mich, daß ich die schwarze, weiß paspelierte Bluse der tiefen Trauer trug. Wir wohnten ganz allein miteinander in einem kleinen Haus am Rande der Stadt T. An jenem Nachmittag war ich nicht hinausgegangen, um auf dem Hof zu spielen, den wir mit unserem Vermieter teilten, sondern lungerte in dem Zimmer herum, in dem mein Vater gewöhnlich schrieb. Ich weiß nicht, was mir die Kühnheit eingab, auf seinen Stuhl zu klettern, doch zwei Stunden später etwa entdeckte er mich auf seinem Stuhl kniend, die Ellenbogen auf den Tisch, den Kopf in beide Hände gestützt, tief versunken in das aus losen Blättern bestehende Manuskript. Ich wurde sehr verwirrt, denn ich fürchtete, bestraft zu werden. Mein Vater stand noch an der Tür. Er sah sehr überrascht drein, sagte aber nach kurzem Schweigen nur:
»Lies die Seite laut vor.«
Zum Glück war die vor mir liegende Seite nicht übermäßig mit Streichungen und Verbesserungen bedeckt und die Handschrift meines Vaters ungewöhnlich leserlich. Als ich zu Ende war, nickte er, und ich rannte zur Tür hinaus, sehr glücklich bei dem Gedanken, einem Tadel für meine unbedachte Frechheit zu entgehen. Ich habe seither versucht, die Ursache für diese Milde zu entdecken, und ich glaube fast, ohne was davon zu ahnen, hatte ich mir in meines Vaters Augen das Recht verdient, ein etwas vertraulicheres Verhältnis zu seinem Schreibtisch anzuknüpfen. Einen Monat, vielleicht auch nur eine Woche zuvor hatte ich ihm laut, von Anfang bis zu Ende, zu seiner vollen Zufriedenheit die Korrekturfahnen seiner Übersetzung von Victor Hugos ›Meerarbeitern‹ vorgelesen, während er, da er sich nicht wohl fühlte, im Bett lag. Diese Vorlesung begründete vermutlich meinen Anspruch auf eine gewisse Anerkennung

und war übrigens auch meine erste Bekanntschaft mit dem Meer in der Literatur. Ich weiß zwar nicht mehr wo, wie und wann ich lesen lernte, doch die Prozedur, die mich zum Vorleser machte, dürfte ich so leicht nicht vergessen. Mein armer Vater, selber ein bewundernswerter Vorleser, war der denkbar strengste Lehrmeister. Der Gedanke, daß ich im Alter von acht Jahren diese Seite der ›Zwei Herren aus Verona‹ doch recht gut gelesen haben muß, macht mich stolz. Das nächste Mal begegnete ich ihnen in einer Fünf-Schilling-Ausgabe der dramatischen Werke von William Shakespeare in einem Bande und las darin zu allen möglichen Tageszeiten, begleitet vom Lärm der Schlegel, mit denen die Kalfaterer Werg in die Ritzen der Decksplanken eines Schiffes trieben, das im Trockendock von Falmouth lag. Wir waren in halb abgesacktem Zustand eingelaufen, und die Mannschaft verweigerte den Dienst, nachdem sie vier Wochen lang bis zur Erschöpfung gegen die Stürme des Nordatlantik gekämpft hatte. Gelesene Bücher werden Bestandteile des Lebens, und Shakespeare gehört in dieses erste Trauerjahr, das letzte Jahr, das ich mit meinem Vater in der Verbannung verbrachte (er schickte mich nach Polen, zu dem Bruder meiner Mutter, sobald er die Kraft aufbringen konnte, sich von mir zu trennen), und in das Jahr der großen Stürme, das Jahr, da ich dem Tod auf See am nächsten kam, erst durch Wasser, dann durch Feuer.

Dieser Dinge also erinnere ich mich, doch was ich an jenem Abend, der dem Beginn meines Lebens als Schriftsteller vorherging, las, das habe ich vergessen. Ich weiß nur noch dunkel, daß es einer von Trollopes politischen Romanen gewesen sein könnte. Ich erinnere mich aber, was für eine Art Tag es war. Es war ein Augusttag mit opalener Atmosphäre, ein verschleierter, halb undurchsichtiger, leuchtender Tag. Gegenüber, auf Dächern und Fenstern blitzten feurige Pünktchen, glühte rotes Sonnenlicht, und die blattlosen Bäume auf dem Platz sahen aus wie auf Seidenpapier getuscht. Es war einer jener Londoner Tage, die den Zauber einer geheimnisvollen Behaglichkeit, einer hinreißenden Milde besitzen. Dieser opalfarbene Dunst war in Bessborough Gardens, des nahen Flusses wegen, oft zu beobachten.

Ich habe keinen Grund, mich seiner Wirkung gerade an jenem Tage mehr zu erinnern als an einem anderen Tag, wenn ich auch noch lange am Fenster stehenblieb, nachdem die Tochter meiner Wirtin mit ihrer Beute von Tassen und Tellern abgezogen war. Ich hörte, wie sie das Tablett auf dem Flur absetzte und die Tür endgültig schloß, und doch verharrte ich rauchend mit dem Rücken zum Zimmer. Es ist ganz klar, daß ich es nicht eilig hatte, den Sprung in mein Leben als Schriftsteller zu tun, wenn man denn den ersten Versuch überhaupt als Sprung bezeichnen will. Ich war ganz und gar in der Trägheit des Seemannes untergegangen, der vom Meer, diesem Schauplatz nie endender Arbeit und pausenloser Pflichterfüllung, getrennt ist. Niemand kann sich so rückhaltlos der Trägheit hingeben wie ein Seemann an Land, wenn diese Stimmung ihn überkommt, in der er die absolute Freiheit von jeder Verantwortung in vollen Zügen genießt. Es will mir scheinen, als hätte ich an gar nichts gedacht, doch ist dieser Eindruck, aus der Distanz so vieler Jahre betrachtet, unglaubwürdig. Mit Gewißheit darf man sagen, daß mir der Gedanke, eine Erzählung niederzuschreiben, fern lag, wenn es auch möglich, ja, sogar wahrscheinlich ist, daß ich des Mannes Almayer gedachte.

Zum ersten Male hatte ich ihn etwa vier Jahre zuvor in Borneo gesehen, von der Brücke eines Dampfers aus, der an einer baufälligen kleinen Mole lag, die etwa vierzig Meilen oberhalb der Mündung in einen Fluß hineinragte. Es war früh am Morgen, und ein opalener Dunst, wie in Bessborough Gardens, nur ohne die feurigen Pünktchen und den Widerschein der roten

Londoner Sonne auf Dächern und Kaminen, versprach, sich allsogleich zu wattigem Nebel zu verdichten. Abgesehen von einem Einbaum auf dem Fluß bewegte sich ringsum nichts. Ich war gerade gähnend aus meiner Kajüte zum Vorschein gekommen. Der Serang und die malaiische Besatzung prüften die Ladeketten und probierten die Winden; ihre Stimmen klangen gedämpft vom Deck zu mir herauf, und ihre Bewegungen waren träge. Der tropische Tag begann kalt. Der malaiische Quartermaster, der heraufkam, um sich etwas aus einem der Brückenschränke zu holen, zitterte merklich vor Kälte. Die Wälder zu beiden Seiten des Flusses wirkten schwarz und feucht, Nässe troff auf die straff gespannten Sonnensegel. Ich war gerade mitten in einem fröstelnden Gähnen begriffen, als ich Almayer erblickte. Da, wo er ging, war das Gras niedergebrannt worden, und er bewegte sich als ein verschwommener, schattenhafter Umriß vor der verwischten Masse des Hauses, einer niedrigen, aus Matten, Bambus und Palmblättern erbauten Hütte, die ein steiles, aus Gras geflochtenes Dach krönte.

Er trat auf die Mole hinaus. Eine Schlafanzughose aus Cretonne (riesige Blumen mit gelben Blütenblättern auf einem unangenehm blauen Hintergrund) umschlotterte ihn, und darüber trug er ein dünnes, baumwollenes Unterhemd mit kurzen Ärmeln. Die bis zu den Ellenbogen entblößten Arme hatte er vor der Brust gekreuzt. Sein schwarzes Haar sah aus, als sei es lange nicht geschnitten worden, und eine lose Strähne hing ihm ins Gesicht. Ich hatte schon in Singapur von ihm gehört; ich hatte an Bord von ihm gehört; ich hatte früh am Morgen und spät am Abend von ihm gehört; ich hatte beim *tiffin* und beim Abendbrot von ihm gehört; ich hatte an einem Pulo Laut genannten Ort von ihm gehört, und zwar durch einen halbblütigen Herrn, der sich als den Geschäftsführer eines Bergwerkes bezeichnete, was sehr zivilisiert und fortschrittlich klang, bis man erfuhr, daß im Bergwerk derzeit nicht gearbeitet werden könne, weil dort besonders grausame Geister spukten. Ich hatte an einem Ort namens Dongola auf Celebes von ihm gehört, als der Rajah dieses wenig bekannten Seehafens (es gibt dort keinen Ankergrund von weniger als fünfzehn Faden Tiefe, was sehr unangenehm ist) uns mit nur zwei Begleitern einen Freundschaftsbesuch machte und Flasche um Flasche Mineralwasser leerte, während er mit meinem guten Freund, dem Kapitän C., auf dem Achterdeck saß. Dabei hatte ich seinen Namen mehrmals ganz deutlich in der Unterhaltung, die in malaiischer Sprache geführt wurde, vernommen. O ja, ich hörte das ganz genau – Almayer, Almayer – und sah Kapitän C. lächeln, während der feiste, dunkelhäutige Rajah offen heraus lachte. Ich darf versichern, daß man nur sehr selten einen malaiischen Rajah offen heraus lachen hört. Und ich hörte Almayers Namen wiederholt von unseren Deckspassagieren nennen (meist gut beleumdeten reisenden Händlern), die, jeder von einem Wall aus Bündeln und Schachteln umgeben, auf Matten und Kissen, auf Decken und Holzklötzen sitzend, das ganze Schiff bevölkerten und sich über die Affären des Archipels unterhielten. Ich versichere auf Ehre, daß ich den Namen Almayer murmeln hörte, als ich um Mitternacht von der Brücke aufs Achterdeck ging, um das Patentlog zu prüfen, das die Viertelmeilen in die große Stille des Meeres klingelte. Ich will damit nicht sagen, daß unsere Passagiere laut von Almayer träumten, es ist aber unbestreitbar, daß wenigstens zwei von ihnen, die keine Ruhe fanden und die Leiden der Schlaflosigkeit durch ein Schwätzchen zu lindern suchten, um diese spukhafte Nachtstunde in der einen oder anderen Weise von Almayer redeten. An Bord dieses Schiffes war es einfach unmöglich, ein für allemal von Almayer loszukommen; ein sehr kleines Pony, das auf dem Vordeck festgebunden war und unserem chinesischen Koch das Leben erschwerte, indem es mit dem Schwanz in die Kombüse hineinwedelte, war für Almayer bestimmt. Was er mit einem Pony vorhatte, wußten allein die Götter, denn ganz bestimmt konnte er nicht darauf reiten; doch darin zeigte sich schon der ganze Almayer: ehrgeizig, immer hoch hinaus. Er importierte ein Pony, obwohl es doch in der ganzen Siedlung, gegen die er täglich die kraftlose Faust zu schütteln pflegte, nur einen einzigen für ein Pony begehbaren Pfad gab, der nicht länger als höchstens eine Viertelmeile und von einem geradezu endlosen Urwald umgeben war. Aber wer weiß? Der Import dieses Ponys aus Bali war vielleicht Teil eines sorgsam ausgedachten Planes, einer diplomatischen Kabale, einer von Hoffnung getragenen Intrige. Bei Almayer konnte man das nie genau wissen. Er bestimmte sein Verhalten nach abseitigen Überlegungen, nach unglaublichen Voraussetzungen, die es einem vernünftigen Menschen unmöglich machten, seinen Gedankengängen zu folgen. Das alles erfuhr ich später. Als ich an jenem Morgen die Gestalt dort im Nebel umhergehen sah, sagte ich zu mir: »Das ist der Mann.«

Er trat nahe an das Schiff heran und zeigte sein gehetztes rundes, flaches Gesicht. Die schwarze Haarsträhne hing ihm noch in die Stirn, und sein Blick war leidend.

»Guten Morgen.«

»Guten Morgen.«

Er sah mich scharf an: Ich war ein neues Gesicht, denn ich war an die Stelle des Ersten Offiziers getreten, den er anzutreffen gewöhnt war, und ich glaube, diese Neuheit weckte, wie alle Neuheiten, sein tief eingewurzeltes Mißtrauen.

»Ich habe Sie erst heute abend erwartet«, bemerkte er anklagend.

Ich weiß nicht, weshalb er sich darüber zu beklagen hatte, doch schien er das zu tun. Ich nahm mir die Mühe, ihm zu erklären, daß wir noch gerade vor Einbruch der Dunkelheit die Markierung an der Flußmündung ausgemacht und mit Hilfe der auflaufenden Flut die Barre passiert hätten; es habe uns daher nichts daran gehindert, während der Nacht den Fluß heraufzufahren.

»Kapitän C. kennt den Fluß wie seine Westentasche«, schloß ich einladend, denn ich wollte gerne mit Almayer ins Gespräch kommen.

»Besser«, erwiderte Almayer.

Ich lehnte mich über die Brückenreling und sah auf Almayer hinunter, der seinerseits betroffen auf die Mole starrte. Er scharrte ein wenig mit den Füßen, die in Strohsandalen mit dicken Sohlen steckten. Der Morgennebel war erheblich dichter geworden. Um uns herum troff es von allen Gegenständen, von den Ladebäumen, von der Reling, es tropfte von jedem Tauende, als ob die Welt von einem Weinkrampf befallen sei. Almayer hob nun den Kopf und erkundigte sich im Tone eines Menschen, der an die Schläge eines übel gesinnten Schicksals gewöhnt ist, kaum hörbar: »Ich nehme an, Sie haben nicht zufällig so etwas wie ein Pony an Bord?«

Ich antwortete fast flüsternd, denn er veranlaßte mich, meine Äußerungen seinem gedämpften Ton anzupassen, daß wir so etwas wie ein Pony an Bord hätten, und deutete so schonungsvoll wie möglich an, das Pony sei eine wahre Plage und mir liege viel daran, es an Land zu setzen, ehe ich mit dem eigentlichen Ausladen beginnen müsse. Almayer blickte mich lange aus seinen melancholischen, ungläubigen Augen an, so als sei es gefährlich, meiner Auskunft zu glauben. Dieses ergebene Mißtrauen in den günstigen Ausgang jeder beliebigen Unternehmung rührte mich tief, und ich sagte: »Die Überfahrt hat ihm überhaupt nichts ausgemacht. Es ist ein ganz reizendes Pony.«

Almayer war nicht aufzuheitern. Statt zu antworten, räusperte er sich und sah wieder zu Boden. Ich versuchte, ihm auf andere Weise näherzukommen.

»Ja, fürchten Sie denn gar nicht«, sagte ich, »eine Lungenentzündung oder eine Bronchitis zu bekommen, wenn Sie bei solch feuchtem Nebel nur im Unterhemd umhergehen?«

Er ließ sich durch diese Bekundung von Anteilnahme für sein Wohlergehen nicht günstig stimmen. »Keine Angst.« Seine Antwort klang unheimlich, so als wollte er sagen, selbst dieser Ausweg aus einer schrecklichen Lage sei ihm verwehrt.

»Ich bin bloß mal hergekommen...«, murmelte er nach einer Weile.

»Nun, wenn Sie schon da sind, werde ich das Pony für Sie ausladen, und Sie können es nach Hause führen. Ich möchte es wirklich nicht auf Deck haben, es ist da im Wege.«

Almayer schien unentschlossen. Ich beharrte:

»Also ich werde es aufnehmen, mit dem Ladebaum ausschwenken und vor Ihnen auf der Mole absetzen lassen. Ich möchte das gleich machen, ehe die Lukendeckel weggenommen werden. Der kleine Teufel springt mir am Ende hinunter oder stellt sonst einen Unfug an, der ihn das Leben kostet.«

»Haben Sie ein Halfter?« verlangte Almayer zu wissen.

»Selbstverständlich haben wir ein Halfter.« Und ohne weitere Einwände abzuwarten, lehnte ich mich über die Brückenreling. »Serang! Setzen Sie Tuan Almayers Pony an Land!«

Der Koch machte hastig die Kombüsentür zu, und gleich darauf begann an Deck ein heftiger Tanz. Das Pony keilte energisch nach allen Seiten, die Kalaschen wichen geschickt aus, der Serang rief mit seiner brüchigen Stimme zahllose Befehle. Plötzlich sprang das Pony auf die vordere Ladeluke. Die kleinen Hufe machten ein donnerähnliches Getöse, es stieß mit dem Kopf und stellte sich auf die Hinterbeine. Mähne und Stirnhaar waren zu bedrohlicher Wildheit verwirrt, es blähte die Nüstern, von der breiten kleinen Brust flog der Schaum, und seine Augen sprühten Funken. Es war nicht ganz einen Meter zwanzig hoch, es war wild, furchteinflößend, wütend, kriegerisch, es sagte unmißverständlich Ha! Ha! Es tobte und stampfte mit den Füßen – und sechzehn wehrfähige Kalaschen umstanden es wie verstörte Kinderfrauen ein eigensinniges Kind. Es peitschte unaufhörlich mit dem Schwanz, es bog den niedlichen Hals, es war geradezu entzückend, es war bezaubernd unartig. In diesem Auftritt lag nicht die Spur von Bosheit, kein tückisches Zähneblecken, kein Zurücklegen der Ohren. Im Gegenteil, es stellte die Ohren auf eine lustig aggressive Weise nach vorn. Es war ganz und gar amoralisch und liebenswert; mit Wonne hätte ich ihm Brot, Zucker und Karotten gegeben. Doch das Leben ist eine ernste Angelegenheit und die Pflicht der einzig verläßliche Leitstern. Ich stählte also mein Herz, und von meiner erhöhten Position auf der Brücke befahl ich den Männern, sich allesamt gleichzeitig auf das Pony zu werfen.

Der ältliche Serang stieß einen sonderbaren, unartikulierten Schrei aus und ging mit gutem Beispiel voran. Er war ein hervorragender Deckoffizier – ungemein sachkundig und ein mäßiger Opiumraucher. Die übrigen begruben in einem großen Anlauf das Pony unter sich. Sie packten es an den Ohren, an der Mähne, am Schweif. Sie lagen übereinander auf seinem Rücken, insgesamt siebzehn Männer. Der Schiffszimmermann packte den Haken der Ladekette und sprang auf sie hinauf. Auch er war ein sehr ordentlicher Deckoffizier, stotterte allerdings. Haben Sie jemals einen hellhäutigen, mageren, traurigen, würdevollen Chinesen Pidgin-Englisch stottern hören? Das ist wahrhaftig ein gespenstisches Erlebnis. Der also war der achtzehnte. Ich konnte das Pony überhaupt nicht mehr sehen, doch an dem Auf- und Abwogen, dem Hin- und Herschwanken jenes Haufens von Männern erkannte ich, daß etwas Lebendiges darunter verborgen war. Von der Mole her quäkte Almayer: »He, hören Sie mal!«

Von seinem Standplatz aus konnte er nicht sehen, was an Deck vorging, bestenfalls vermochte er die Schöpfe der Männer wahrzunehmen. Er hörte einzig das Getöse, das Stampfen, das den Anschein erwecken mochte, als werde das Schiff in Stücke gehauen.

Ich blickte über die Reling: »Was wollen Sie denn?«

»Passen Sie auf, daß dem Pony nicht die Beine gebrochen werden«, flehte er jammernd.

»Unsinn. Dem passiert nichts, es kann sich jetzt nicht mehr rühren.« Als die Ladekette in den breiten Gurt aus Segeltuch eingehängt war, den das Pony um den Leib hatte, sprangen die Kalaschen gleichzeitig nach allen Richtungen weg, purzelten wild durcheinander, und der verdienstvolle Serang rannte an die Winde, um den Dampf anzustellen.

»Langsam!« brüllte ich, denn ich fürchtete, das Tier gleich bis zum Ende des Ladebaums aufsteigen zu sehen.

Almayer scharrte derweil bedrückt mit seinen Strohsandalen auf der Mole. Das Rattern der Winde verstummte, und in der nun folgenden gespannten, eindrucksvollen Stille schwebte das Pony über das Deck hin.

Wie schlaff es da hing! Kaum hatte es gemerkt, daß es in der Luft war, da entspannte es auf wunderbare Weise jeden Muskel. Die vier Hufe baumelten wie gebündelt nebeneinander; der Kopf sank herunter und der Schweif hing kraftlos und ganz unbeweglich. Es erinnerte mich lebhaft an das rührende kleine Schaf am Kragen des Ordens vom Goldenen Vlies. Ich hatte nicht geahnt, daß ein Pferd, sei es tot oder lebendig, so erschlaffen könne. Die vordem gesträubte Mähne hing in Strähnen, nichts als ein Gestrüpp von unbelebtem Roßhaar; die angriffslustigen Ohren waren heruntergeklappt; doch als es jetzt langsam an der Brücke vorüberschwebte, bemerkte ich einen listigen Blick in den verträumten, halbgeschlossenen Augen. Ein vertrauenswürdiger Quartermaster, der besorgt, doch schon mit einem Grinsen um den Mund dreinblickte, schwenkte behutsam den Ladebaum aus. Ich beaufsichtigte das alles höchst interessiert.

»So. Das reicht.«

Der Ladebaum hielt an. Die Kalaschen stellten sich an der Reling auf. Das Tau des Halfters hing senkrecht und reglos wie ein Glockenzug vor Almayer. Alles war sehr still. Ich schlug ihm vor, das Tau in die Hand zu nehmen, riet ihm aber gleichzeitig, achtzugeben. Er streckte provozierend lässig und überlegen eine Hand aus.

»Passen Sie auf! Fier weg!«

Almayer holte das Tau ganz geschickt ein, doch als das Pony mit den Hufen die Mole berührte, überließ er sich unversehens einem närrischen Optimismus. Ohne innezuhalten, ohne nachzudenken, ja, beinahe ohne hinzusehen, machte er den Haken von der Segeltuchschlinge los, und die Ladekette traf das Hinterteil des Ponys, ehe sie rasselnd gegen die Bordwand schlug. Ich muß wohl vor Erstaunen geblinzelt haben, jedenfalls ist mir etwas entgangen, denn das nächste, was ich sah, war, daß Almayer lang ausgestreckt auf der Mole lag. Und zwar allein. Die Verblüffung beraubte mich der Sprache, bis Almayer langsam und mit leidender Miene aufgestanden war. Die an der Reling stehenden Kalaschen glotzten mit offenen Mündern. Eine schwache Brise trieb Nebel heran, der gleich darauf so dicht wurde, daß vom Ufer nichts mehr zu sehen war.

»Wie haben Sie es nur fertiggebracht, das Pony weglaufen zu lassen?« fragte ich entrüstet.

Almayer betrachtete die schmerzende Fläche seiner rechten Hand, beantwortete meine Frage aber nicht.

»Wo wird es jetzt hinrennen?« rief ich. »Sind da irgendwo Zäune? Kann es in den Wald entwischen? Was nun?«

Almayer hob die Schultern.

»Irgendwo treiben sich gewiß Leute von mir herum. Früher oder später werden sie es schon einfangen.«

»Früher oder später! Das ist ja alles schön und gut, aber der Gurt! Es hat den Gurt entführt! Und den brauche ich jetzt, sofort, um zwei Celebes-Kühe auszuladen.«
Seit Dongola hatten wir außer dem Pony auch noch zwei dieser hübschen kleinen Inselkühe an Bord gehabt. Auf der anderen Seite des Vordecks festgebunden, hatten sie mit dem Schweif durch die zweite Tür in die Kombüse gewedelt. Diese Kühe waren indessen nicht für Almayer bestimmt, sondern die Ladepapiere lauteten auf Abdullah ben Selim, seinen Feind. Almayer kümmerte sich nicht im geringsten um meine Nöte.
»Ich an Ihrer Stelle würde mich dafür interessieren, wo das Pony hingelaufen ist«, beharrte ich. »Warum rufen Sie nicht Ihre Leute zusammen? Das Pony wird fallen und sich verletzen, vielleicht bricht es sich gar ein Bein.«
Almayer, der ganz in abseitige Gedanken versunken war, schien indessen keine Lust mehr auf das Pony zu haben. Verblüfft angesichts solcher Gleichgültigkeit, befahl ich die gesamte Mannschaft ans Ufer, wo sie in meinem Auftrag nach dem Pony, mindestens jedoch nach dem breiten Ladegurt suchen sollte, den es um den Leib gehabt hatte. Die ganze Dampferbesatzung, ausgenommen Heizer und Ingenieure, rannte die Mole hinauf, vorbei an dem in Gedanken verlorenen Almayer, und verschwand mir aus den Augen. Der weiße Nebel verschluckte sie, und wieder herrschte jene tiefe Stille, die sich auf Meilen im Umkreis über den Fluß gelegt zu haben schien. Immer noch stumm, begann Almayer an Bord zu klettern, und ich kam von der Brücke herab, um ihn auf dem Achterdeck in Empfang zu nehmen.
»Würden Sie so freundlich sein, dem Kapitän zu sagen, daß ich ihn besonders dringlich sprechen möchte?« fragte er mich leise und ließ die Augen unablässig umherwandern.
»Gerne. Ich will mal nachsehen.«
Kapitän C., der gerade aus dem Badezimmer gekommen war,

stand groß und breitbrüstig bei geöffneter Kajütentür und bearbeitete sein dichtes, feuchtes, eisengraues Haar mit zwei großen Bürsten.

»Mr. Almayer sagt, er möchte Sie besonders dringend sprechen, Sir.« Bei diesen Worten lächelte ich. Warum ich lächelte, weiß ich nicht, nur schien es ganz unmöglich, Almayers Namen auszusprechen, ohne dabei irgendwie zu lächeln. Es mußte nicht unbedingt ein heiteres Lächeln sein. Als Kapitän C. sich mir zuwandte, lächelte auch er – recht freudlos.

»Das Pony ist wohl ausgerissen, wie?«

»Ja, Sir, das ist es.«

»Und wo steckt es?«

»Das wissen die Götter.«

»Na schön. Lassen Sie ihn kommen.«

Da man von der Kapitänskajüte aus direkt unter der Brücke das Deck betrat, brauchte ich Almayer, der mit niedergeschlagenen Augen genau da auf dem Achterdeck stand, wo ich ihn verlassen hatte, nur mit einer Geste heranzubitten. Er kam verdrossen näher, gab dem Kapitän die Hand und bat sogleich, die Kajütentür schließen zu dürfen.

»Ich habe Ihnen eine hübsche Geschichte zu erzählen«, waren die letzten Worte, die ich hörte. Die Bitterkeit, mit der er sprach, war geradezu auffallend.

Selbstverständlich entfernte ich mich von der Tür. Im Moment hatte ich keine Besatzung an Bord; einzig der chinesische Schiffszimmermann ging, einen Beutel um den Hals und einen Hammer in der Hand, über das verödete Deck, schlug die Verkeilungen der Ladeluken weg und versorgte die Keile gewissenhaft im Beutel. Da ich nichts weiter zu tun hatte, gesellte ich mich den beiden Ingenieuren zu, die am Niedergang zum Maschinenraum standen. Es war kurz vor dem Frühstück.

»Der ist ja schon früh aufgetaucht, was?« bemerkte der Zweite Ingenieur und lächelte nichtssagend. Er war ein enthaltsamer

Mensch mit guter Verdauung und hatte, selbst wenn er hungrig war, friedfertige und vernünftige Ansichten vom Leben.
»Ja«, sagte ich. »Er hockt beim Alten. Irgendwelche Geschäfte.«
»Der spinnt da bloß wieder ein endloses Garn«, bemerkte der Erste Ingenieur und lächelte säuerlich. Als Dyspeptiker litt er morgens unter nagendem Hunger. Der Zweite grinste breit, ein Grinsen, das auf seinen rasierten Wangen zwei senkrechte Falten entstehen ließ. Und auch ich schmunzelte, wenn ich auch nicht eigentlich amüsiert war. An diesem Mann, dessen Name ganz offenbar nirgendwo im Malaiischen Archipel ohne ein Lächeln ausgesprochen werden konnte, war aber auch gar nichts Amüsantes. An jenem Morgen frühstückte er mit uns. Er schwieg dabei und blickte zumeist in seine Tasse. Ich teilte ihm mit, daß meine Leute sein Pony entdeckt hätten, wie es im Nebel unmittelbar am Rande des acht Fuß tiefen Brunnens umhertollte, in dem er seine Guttaperchavorräte aufbewahrte. Der Deckel sei abgehoben und niemand in der Nähe gewesen, und meine Besatzung sei um Haaresbreite kopfüber in dieses ekelhafte Loch gefallen; Jurumundi Itam, unser bester Quartermaster, ein wahrer Künstler mit der Nadel, der die Schiffsflaggen flickte und uns die Knöpfe an die Jacken nähte, sei durch einen Hufschlag gegen die Schulter arbeitsunfähig gemacht worden.
Sowohl Reue als Dankbarkeit schienen Almayer unbekannt zu sein. Er nuschelte: »Meinen Sie den Seeräuber?«
»Welchen Seeräuber? Der Mann gehört seit elf Jahren zur Besatzung«, versetzte ich empört.
»Er sieht halt so aus«, murmelte Almayer anstelle einer Entschuldigung.
Die Sonne hatte den Nebel aufgezehrt. Von unserem Platz unter dem achteren Sonnensegel konnten wir das Pony ausmachen, das vor Almayers Haus an einen Verandapfosten gebunden war. Wir schwiegen lange Zeit. Ganz plötzlich ließ sich

Almayer über den Tisch hinweg, wohl in Fortsetzung des in der Kapitänskajüte geführten Gespräches besorgt folgendermaßen vernehmen:

»Ich weiß wirklich nicht, was ich nun noch tun kann.«

Kapitän C. sah ihn bloß mit gehobenen Brauen an und stand auf. Wir gingen an unsere Arbeit. Almayer, halb angezogen, wie er war, in Pyjamahosen und dem dünnen Baumwollunterhemd, blieb an Bord. Er drückte sich an der Gangway herum, als könne er sich nicht entscheiden, ob er nun nach Hause gehen oder endgültig bei uns bleiben solle. Unsere Chinesen sahen ihn im Vorbeigehen verstohlen an, und Ah Sing, der Obersteward, der netteste Chinese der Welt, blinzelte mir zu und nickte wissend gegen Almayers stämmigen Rücken hin. Im Laufe des Vormittags sprach ich ihn noch einmal an.

»Sie haben noch gar nicht Ihre Post angeschaut, Mr. Almayer«, sagte ich freundlich.

Wir hatten seine Post mitgebracht, und seit wir vom Frühstück aufgestanden waren, hatte er den Packen mit sich herumgetragen. Als ich ihn anredete, sah er die Post an, und einen Moment schien es mir, als wollte er die Hand aufmachen und den ganzen Packen über Bord fallen lassen. Ich glaube, er hatte wirklich Lust dazu. Nie werde ich diesen Menschen vergessen, der sich vor seinen Briefen fürchtete.

»Sind Sie schon lange von Europa fort?« fragte er mich.

»Nicht sehr lange. Knapp acht Monate«, sagte ich. »Ich habe in Samarang einer Rückenverletzung wegen abgemustert und war etliche Wochen in Singapur im Hospital.«

Er seufzte.

»Mit dem Handel ist hier gar nichts los.«

»Was Sie nicht sagen!«

»Hoffnungslos. Sehen Sie die Gänse da?«

Mit der Hand, in der er seine Briefe hielt, zeigte er mir etwas, das aussah wie ein Fleckchen Schnee, etwas, das sich kriechend und schwankend im entferntesten Teil des Kampongs bewegte und dann hinter etlichen Büschen verschwand.

»Die einzigen Gänse an der Ostküste«, informierte Almayer mich so obenhin, und in den hingemurmelten Worten war nicht ein Funke von Vertrauen, Hoffnung oder Stolz. Gleich darauf gab er mir mit der gleichen Teilnahmslosigkeit seine Absicht kund, einen fetten Vogel auszuwählen und ihn uns nicht später als anderen Tages an Bord zu schicken.

Ich hatte von diesen Schenkungen bereits gehört. Eine Gans wurde von ihm verliehen wie ein Hoforden, den nur erprobte Freunde des regierenden Hauses erhalten. Ich hatte mir die Zeremonie allerdings pomphafter vorgestellt. Das Geschenk war doch gewiß von besonderer Art, es war selten und bedeutend. Ein Vogel aus der einzigen Gänseherde an der Ostküste! Er machte längst nicht genug davon her. Der Mann erkannte einfach seine Chance nicht. Gleichwohl dankte ich ihm umständlich.

»Wissen Sie«, unterbrach er mich plötzlich in einem sehr sonderbaren Ton, »das Schlimmste an diesem Land ist, daß man nicht... es ist unmöglich... zu verwirklichen...« Seine Stimme sank zu einem trägen Murmeln herab. »Und wenn man wirklich bedeutende Interessen hat... sehr bedeutende Interessen...« und dann schwach: »Stromaufwärts.«

Wir blickten einander an. Zu meiner Verblüffung zuckte er zusammen und schnitt eine sonderbare Grimasse.

»Na, ich muß mich eilen«, stieß er hervor. »Auf später.«

Als er die Gangway betrat, blieb er doch noch einmal stehen, um den Kapitän und mich murmelnd zum Abendessen in sein Haus einzuladen. Ich nahm an. Ich glaube nicht, daß ich hätte ablehnen dürfen.

Ich schätze besonders jene verdienstvollen Zeitgenossen, die von der Betätigung des freien Willens »jedenfalls im Alltag« reden. Frei? Im Alltag? Unsinn! Wie hätte ich mich weigern können, mit dem Manne zu Abend zu essen? Ich weigerte mich nicht, weil ich mich einfach nicht weigern konnte. Neugier, ein gesunder Wunsch nach Veränderung der Küche, gewöhnliche Höflichkeit, das Geschwätz und das Grinsen der vergangenen zwanzig Tage, jeder einzelne an diesem Ort und zu dieser Zeit wirksame Umstand drängten mich unwiderstehlich, die Einladung anzunehmen, und wie um allem die Krone aufzusetzen, beherrschte mich Unwissenheit – und damit meine ich einen fatalen Mangel an Vorwissen, das allein diesen mich zur Annahme drängenden Umständen hätte Widerpart leisten können. Eine Ablehnung hätte unnatürlich und irrsinnig wirken müssen. Nur ein veritabler Irrer hätte da ablehnen können. Doch hätte ich nicht Almayer recht genau kennengelernt, so wäre, das darf als ausgemacht gelten, nie eine Zeile von mir im Druck erschienen.

Ich habe damals nicht abgelehnt – und muß heute noch für mein vernünftiges Verhalten bezahlen. Der Besitzer der einzigen Gänseherde an der Ostküste ist für das Erscheinen von bis heute vierzehn Büchern verantwortlich. Die Zahl der Gänse, die er unter widrigen klimatischen Bedingungen ins Leben gerufen hatte, war erheblich größer als vierzehn. Ich kann mit Gewißheit sagen, daß die Zahl der Bücher niemals die Zahl der Gänse übertreffen wird; doch geht mein Ehrgeiz auch nicht ganz in diese Richtung; und welchen Kummer auch immer das Schreiben mir verursacht haben mag, Almayers habe ich nie anders als freundlich gedacht.

Ich frage mich, wie er sich wohl verhalten hätte, wäre ihm davon etwas bekannt gewesen? Das ist jedoch eine Frage, die auf dieser Welt keine Antwort finden kann. Sollten wir einander je in den elysäischen Gefilden begegnen, wo ich ihn mir nicht anders denn als in der Ferne von seiner Gänseschar begleitet vorstellen kann (Vögeln, die dem Jupiter geweiht waren) – und sollte er mich in der Stille jener leidenschaftslosen

Region zur Rede stellen, in der es weder Hell noch Dunkel, weder Laut noch Leise gibt und wo die ungreifbaren, zahllosen Schwärme der Toten wie endlose Nebel wallen, dann weiß ich, was ich antworten werde.

Ich werde, nachdem ich höflich den schwingungslosen Tönen seiner gemessenen Vorhaltungen gelauscht, welche selbstverständlich die feierliche Ewigkeit der Stille nicht im geringsten gestört hätten, etwa so antworten:

»Es ist wahr, Almayer: in der Welt da unten habe ich deinen Namen meinen Zwecken dienstbar gemacht. Das ist jedoch ein sehr geringes Vergehen. Was liegt an einem Namen, o Schatten? Wenn dir noch so viel von der Schwäche des Sterblichen anhaftet, daß du dich gekränkt fühlen kannst (da erkenne ich deine irdische Stimme wieder, Almayer), dann, so flehe ich dich an, bitte unverzüglich unseren erhabenen Mitschatten um eine Unterredung – ihn, der in seinem vorübergehenden Dasein als Poet den Duft der Rose besungen hat. Er wird dich trösten. Du kamst zu mir, allen Ansehens beraubt durch das hämische Lächeln und das respektlose Geschwätz aller Wanderkrämer des Archipels. Dein Name gehörte den Winden: er schwebte sozusagen nackt über den Äquatorialgewässern. Ich habe diesen ungeehrten Namen in den königlichen Mantel der Tropen gehüllt, habe versucht, in seinen dumpfen Klang das Leid aller Vaterschaft zu legen – Taten, die du nicht von mir gefordert hast –, doch vergiß nicht: die Mühe und der Schmerz waren mein. In deinem irdischen Leben hast du um mich gespukt, Almayer. Bedenke, daß du dir damit eine große Freiheit herausnahmst. Stets hast du geklagt, der Welt verloren zu sein. Nun denn: hätte ich nicht so fest an dich geglaubt und dir nicht gestattet, in meinem Zimmer in Bessborough Gardens zu spuken, du wärest noch verlorener gewesen. Du behauptest, daß ich, hätte ich nur vermocht, dich aus größerer Distanz und mit größerer Einfalt zu betrachten, gewiß viel besser jenes

Wunderbare in dir erkannt hätte, von dem deine Laufbahn auf jenem winzigen, nadelkopfgroßen, kaum sichtbaren Lichtpünktchen angeblich begleitet war, wo unser beider Gräber liegen. Ohne Zweifel! Doch bedenke, o klagender Schatten, daß dies weniger meine Unterlassung als vielmehr das äußerste der dir zugedachten Mißgeschicke war. Ich glaubte so an dich, wie es mir einzig möglich war zu glauben. Ich hätte deinen Verdiensten nicht Gerechtigkeit widerfahren lassen? Nun, sei's drum! Doch du warst stets ein vom Unglück verfolgter Mensch, Almayer. Nichts war je deiner wert. Was dich mir so wirklich machte, war, daß du diese erhabene Theorie mit solcher Überzeugungskraft und so bewundernswerter Folgerichtigkeit vertreten hast.«

Mit solchen Worten also, übersetzt in die schickliche Schattensprache, bin ich bereit, Almayer im Elysium der Schatten zu beschwichtigen, da es denn so gekommen ist, daß wir, die wir vor vielen Jahren voneinander schieden, auf dieser Welt nicht noch einmal zusammentreffen werden.

V

In der Laufbahn des unliterarischsten Schriftstellers – unliterarisch insofern, als literarischer Ehrgeiz niemals von der Welt seiner Phantasie Besitz ergriffen hat – ist das Werden des ersten Buches ein ganz unverständliches Ereignis. In meinem eigenen Fall vermag ich weder eine geistige noch eine seelische Ursache dafür zu erkennen, auf die man verweisen und an die man sich halten könnte. Da meine stärkste Begabung eine geradezu vollendete Befähigung zum Nichtstun ist, kann ich nicht einmal behaupten, die Langeweile habe mir die Feder in die Hand gedrückt. Eine Feder war immerhin da, und daran ist nun durchaus nichts Wunderbares. In diesem erleuchteten Zeitalter der Briefmarken und Postkarten hält sich jedermann eine Feder (diesen kalten Stahl unserer Tage) im Quartier. Es geschah dies ja in jener Epoche, da Mr. Gladstone vermittels Postkarte und Feder den einen und anderen Roman berühmt gemacht hat. Und auch ich besaß eine Feder, die sich irgendwo herumtrieb – die selten benutzte, die ungern zur Hand genommene Feder des Seemannes an Land, die Feder, verkrustet von der getrockneten Tinte aufgegebener Versuche, von länger als der Anstand erlaubt hinausgeschobenen Antworten, von Briefen, die mit unsagbarem Widerstreben begonnen und dann auf den folgenden Tag verschoben werden – was sage ich: auf die folgende Woche!, die vernachlässigte, ungeliebte Feder, beim geringsten Anlaß in die Ecke geworfen, nun ohne Eifer, nur unter dem Druck bitterster Notwendigkeit, oberflächlich und knurrend gesucht, in mürrisch-besorgter Gemütsverfassung: »Wo, zum Kuckuck, steckt das vermaledeite Ding denn nur?«

Ja, wo mochte sie sein! Sie ruhte möglicherweise seit einem oder mehreren Tagen hinter dem Sofa. Die blutarme Tochter meiner Wirtin (wie Ollendorff gesagt hätte) war zwar lobenswert adrett, ging ihren häuslichen Pflichten indessen auf eine geradezu herrschaftlich lässige Manier nach. Vielleicht hielt sich die Feder aber auch mühsam auf der Spitze stehend auf dem Fußboden neben dem Tischbein im Gleichgewicht und würde, ans Licht gezerrt, einen unbrauchbaren Schnabel aufsperren, der jeden Menschen von literarischem Instinkt entmutigen mußte. Doch nicht mich! »Einerlei! Es geht schon.«

O Tage ohne Arg! Hätte mir damals jemand gesagt, ein hingebungsvoller Haushalt, beherrscht von übertriebener Achtung vor meinem Talent und meiner Bedeutung, könnte in Angst und Beben versetzt werden durch den Wirbel, den ich entfesselte, vom Verdacht geplagt, jemand könnte meine geheiligte Autorenfeder angerührt haben, ich hätte mich nicht einmal zu einem verächtlichen Lächeln des Unglaubens herabgelassen. Es gibt Phantasiegebilde, zu unwahrscheinlich, um Beachtung, zu wild, um Nachsicht, zu absurd, um ein Lächeln zu verdienen. Wäre dieser Seher ein Freund gewesen, seine Ausblicke hätten mich vielleicht sogar insgeheim betrübt. »O weh!« hätte ich gedacht und ihn unbewegten Gesichtes angeschaut, »der arme Mann verliert den Verstand.«

Ja, zweifellos wäre ich betrübt gewesen; denn in dieser Welt, wo Journalisten die Himmelserscheinungen deuten und selbst die Winde unter dem Himmel zwar blasen, wo sie wollen, aber nur unter der prophetischen Anleitung des Wetterbüros, wo das Geheimnis menschlicher Herzen sich aber weder dem Gebet noch der Schnüffelei offenbart, war es wahrscheinlicher, daß der vernünftigste meiner Freunde schwachsinnig, als daß ich ein Schreiber von Geschichten werden würde.

Mit Erstaunen die wunderlichsten Verwandlungen zu überblicken, die mit der eigenen Person vor sich gegangen sind, ist eine faszinierende Beschäftigung für müßige Stunden. Das Feld ist so weit, die Überraschungen sind so mannigfaltig, der ganze Gegenstand ist so voll unergiebiger, aber seltsamer Hinweise auf die Tätigkeit ungesehener Mächte, daß man dessen nur schwer müde wird. Ich rede hier nicht von Größenwahnsinnigen, die unter der Krone ihrer grenzenlosen Vermessenheit nicht zur Ruhe kommen – die in dieser Welt überhaupt nie so recht zur Ruhe kommen und auch nach ihrem Abgang nicht, denn sie ärgern und erregen sich über die Verhältnisse ihrer letzten Behausung, in der doch alle Menschen in obskurer Gleichberechtigung liegen. Ich denke dabei auch nicht an jene ehrgeizigen Köpfe, die, stets auf der Suche nach einer Möglichkeit zur Selbstverherrlichung, keine Zeit haben, sich aus einigem Abstand einmal ganz unpersönlich zu betrachten.

Und das ist bedauerlich. Solche Menschen sind unglücklich. Diese beiden Arten, zusammen mit der noch viel zahlreicheren Gruppe der gänzlich Phantasielosen – jener unglückseligen Wesen, in deren leerem, nichtsehendem Blick, wie ein großer französischer Schriftsteller sagt, »das ganze Universum in ein leeres Nichts versinkt«, verfehlen vielleicht die wahre Aufgabe des Menschen, dessen Tag auf unserer Erde, dieser Heimstatt widerstreitender Meinungen, nur kurz währt. Die ethische Betrachtung des Universums verwickelt uns am Ende in so zahlreiche grausame und lächerliche Widersprüche, in denen auch noch die allerletzten Reste von Glaube, Liebe und Hoffnung, ja von Vernunft bereit erscheinen, sich aufzulösen, daß ich den Verdacht nicht mehr loswerde, das Ziel der Schöpfung könne kein ethisches sein. Ich möchte gerne glauben, daß das Ziel einzig ein spektakuläres sei: die Veranstaltung eines Schauspiels, das mit Ehrfurcht, Liebe, Verehrung, ja, wenn man will mit Haß, doch unter diesem Gesichtspunkt – und nur unter diesem Gesichtspunkt – niemals mit Verzweiflung betrachtet werden darf. Die vorgeführten Bilder, köstlich oder schmerzlich, sind moralischer Selbstzweck. Das übrige ist unsere Sache – das Lachen und die Tränen, die Zärtlichkeit, die Empörung, die hohe Gelassenheit des gestählten Herzens, die abstandnehmende Neugier des verfeinerten Geistes – das alles ist unsere Sache. Und die unermüdliche, selbstvergessene Aufmerksamkeit, welche jeder Phase des atmenden Universums gilt, die sich in unserem Bewußtsein spiegelt, mag die uns auf dieser Erde zugedachte Aufgabe sein. Eine Aufgabe, zu deren Bewältigung das Schicksal vielleicht niemand anderen verpflichtet hat als unser Gewissen, das mit einer Stimme begabt worden ist, damit es wahres Zeugnis ablege von dem sichtbaren Wunder, dem traumhaften Schrecken, der unendlichen Leidenschaft und der grenzenlosen Gelassenheit; von dem obersten Gesetz und dem fortdauernden Geheimnis des erhabenen Schauspiels.

Chi lo sà? Es mag wirklich so sein. Diese Anschauung läßt Raum für jede Religion, nur nicht für das widrige Bekenntnis des Unglaubens, dieser Maske der unfruchtbaren Verzweiflung; sie läßt Raum für jede Freude und jeden Kummer, für jeden schönen Traum und jede nachsichtige Hoffnung. Es geht darum, die Emotionen nicht zu verfälschen, die aus der Tiefe heraufgerufen werden, um welche ein Firmament aus Sternen steht, deren unendliche Zahl und unheimliche Entfernung uns zum Lachen oder zum Weinen bringen mag (war es in dem Gedicht der Zimmermann oder das Walroß, dem angesichts solcher Mengen Sand die Tränen kamen?), einem wohlgestählten Herzen aber nicht das geringste anhaben kann.

Das beiläufige Zitat, das sich aus einem verdienstvollen Gedicht anbietet, veranlaßt mich zu sagen, in dem gedachten, rein spektakulären Universum, in dem jeder Einfall sein vernunftgemäßes Dasein führt, müsse sich auch für Künstler jeder Spielart zwanglos ein Platz bieten, unter ihnen dem Poeten als dem Seher *par excellence.* Selbst der Prosaschriftsteller, der seiner weniger edlen und mühsameren Aufgabe wegen ein

Mann von gestähltem Herzen sein sollte, ist eines Plätzchens wert, vorausgesetzt, er schaut mit klarem Auge zu und verbannt das Lachen aus seiner Stimme – mag da lachen oder weinen wer will! Jawohl! Selbst er, der Erzähler, dessen Werk ja oft nichts anderes ist als die aus dem Brunnen heraufgezogene, in ein gemaltes Gewand erdachter Sätze gekleidete Wahrheit, selbst er hat seinen Platz unter Königen, Demagogen, Priestern, Scharlatanen, Herzögen, Giraffen, Ministern, Sozialpolitikern, Maurern, Aposteln, Ameisen, Wissenschaftlern, Kaffern, Soldaten, Seeleuten, Elefanten, Rechtsgelehrten, Gekken, Mikroben und Konstellationen eines Universums, dessen verblüffendes Schauspiel moralischer Selbstzweck ist.

Hier bemerke ich (ohne kränkende Absicht), daß der Leser ein verschmitztes Gesicht macht, als sei nun die Katze aus dem Sack gelassen. Ich bediene mich der Freiheit des Romanciers und stelle fest, daß sich im Geiste des Lesers der Ausruf formt: »Aha! Der Kerl redet *pro domo.*«

Nein! Das war die Absicht nicht! Als ich den Sack über die Schulter warf, wußte ich nicht, daß eine Katze darin war. Warum schließlich aber auch nicht? In den schönen Höfen des Hauses der Kunst wimmelt es von niedrigen Vasallen. Und kein Vasall ist treuer als jener, dem man gestattet, auf der Türschwelle zu sitzen. Die Brüder, die hineingelangt sind, neigen dazu, sich zu wichtig zu nehmen. Diese letzte Bemerkung stellt, das bitte ich sagen zu dürfen, keine üble Nachrede im Sinne des einschlägigen Paragraphen dar. Es war nur der erlaubte Kommentar zu einer Sache von allgemeinem Interesse. Indessen: *Pro domo.* Sei's drum. Für sein Haus *tant que vous voudrez.* Und doch ging es mir in Wahrheit nicht darum, mein Vorhandensein zu rechtfertigen. Ein solcher Versuch wäre nicht nur unnötig und lächerlich, sondern geradezu unvorstellbar in einem rein spektakulären Universum, wo eine so unerfreuliche Notwendigkeit schlechterdings nicht vorkommt. Ich brauche nichts weiter zu sagen (und auf diesen Seiten sage ich es recht ausführlich) als: *J'ai vécu.* Ich habe gelebt, habe unauffällig zwischen den Wundern und Schrecken meiner Zeit gelebt, geradeso wie der Abbé Sieyès, von dem dieser Ausspruch stammt, es fertigbekommen hat, mit den Gewalttaten, den Verbrechen, den Schwärmereien der Französischen Revolution zu leben. *J'ai vécu,* ganz so, wie ich die meisten von uns leben sehe, indem ich immer wieder um Haaresbreite den mannigfaltigen Arten der Vernichtung entkam, meinen Körper rettete (das ist klar), vielleicht auch meine Seele, nicht aber, ohne hier und dort Schaden zu nehmen am scharfgeschliffenen Rand meines Bewußtseins, dieses Erbstückes der Zeitalter, der Art, der Gruppe, der Familie, das bereit ist, Farbe anzunehmen und geformt zu werden durch Worte, Blicke, Handlungen, durch das Schweigen und die Unterlassungen, von denen die Kindheit umstellt ist; das von ererbter Tradition, von Glaubenssätzen und Vorurteilen in zartesten Schattierungen und grellsten Farben getönt, das unberechenbar, despotisch, überredend und oft in seiner Grundbeschaffenheit romantisch ist.

Und oft romantisch!... im vorliegenden Falle geht es aber gerade darum, die Erinnerungen daran zu hindern, sich in Bekenntnisse zu verwandeln, eine Form der literarischen Betätigung, die durch Jean Jacques Rousseau gründlich in Verruf gebracht worden ist, weil er sich so große Mühe damit gemacht hat, sein Dasein zu rechtfertigen; denn daß dies sein Ziel war, ist dem unvoreingenommenen Auge ohne weiteres erkennbar, ja es drängt sich förmlich auf. Man muß aber in Betracht ziehen, daß der Mann eben kein Romancier war. Er war ein kunstloser Moralist, was eindeutig daraus erhellt, daß die auf ihn Bezug habenden Gedenktage mit merklicher Emphase von den Erben der Französischen Revolution beobachtet werden, welche ganz und gar nicht eine politische Bewegung, sondern ein mächtiger Ausbruch der Moralität gewesen ist. Er besaß keine Phantasie – das beweist bereits die oberflächliche Lektüre von Emile. Er war kein Erzähler, denn die hervorstechendste Tugend des Erzählers ist, daß er genau begreift, welche Grenzen die Wirklichkeit seiner Zeit dem Spiel seiner Erfindungsgabe zieht. Inspiration entstammt der Erde, welche eine Vergangenheit, eine Geschichte und eine Zukunft besitzt, nicht den kalten, unveränderlichen Himmeln. Wer erdachte Prosa niederschreibt, bekennt sich (mehr noch als jeder andere Künstler) in seinem Werk zu sich. Die Haltung, die er gegenüber der Welt einnimmt, bestimmt sich durch sein Gewissen, sein tieferes Gefühl für die Dinge, die erlaubten und die untersagten. Niemand, der seine Feder auf Papier setzt, um Fremde lesen zu lassen, was er schreibt, kann von etwas anderem sprechen (ausgenommen der Moralist, der, ganz allgemein gesagt, kein Gewissen hat als jenes, das zum Gebrauch anderer zu schaffen er sich bemüht). Es ist Monsieur Anatole France, dieser beredteste und gerechteste aller französischen Prosaisten, der da sagt, wir müßten endlich begreifen, daß »wir immer nur von uns selber sprechen können, wenn wir uns nicht dazu entschließen wollen, den Mund zu halten«.

Diese Bemerkung wurde, wenn ich mich recht erinnere, im Laufe einer Auseinandersetzung mit dem verstorbenen Ferdinand Brunetière gemacht, in der es um Grundsätze und Regeln literarischer Kritik ging. Wie nur passend für einen Mann, dem wir das denkwürdige Wort verdanken: »Der gute Kritiker ist derjenige, der die Abenteuer seiner Seele unter Meisterwerken beschreibt«, behauptete Herr Anatole France, daß es weder Grundsätze noch Regeln gäbe. Und das mag sehr wahr sein. Regeln, Grundsätze und Maßstäbe sterben täglich und verschwinden. Vielleicht sind sie in diesem Augenblick samt und sonders gestorben und verschwunden. Wenn es je ein solches Zeitalter gab, dann ist das unsere das kühne, freie Zeitalter der Zerstörung von Wegweisern, in dem geniale Köpfe eifrig dabei sind, neue Richtmarken zu erdenken, die, tröstlicher Gedanke, unverweilt an den alten Orten aufgestellt werden können. Für den Schriftsteller ist jedoch der Besitz der inneren Gewißheit von Bedeutung, daß literarische Kritik nie sterben wird, denn der Mensch (der auf so vielerlei Weise definiert worden ist) ist vor allem ein kritisches Tier. Und solange hervorragende Köpfe bereit sind, Kritik als großes Abenteuer zu betreiben, wird die literarische Kritik den ganzen Reiz und Zauber des gut erzählten persönlichen Erlebnisses für uns besitzen.

Für den Engländer mehr als für andere Erdbewohner hat die im Geiste des Abenteuers übernommene Aufgabe, und zwar jede Aufgabe, das Verdienst des Romantischen. Die Kritiker beweisen in der Regel jedoch nur sehr selten den Geist des Abenteuers. Selbstverständlich lassen sie sich auf Wagnisse ein – wenn man leben will, kann man das kaum vermeiden. Das tägliche Brot wird uns (wie kärglich auch immer bemessen) mit einer Prise Salz versehen gereicht. Wäre es nicht so, wir würden krank von der Kost, um die wir beten, und das wäre nicht nur unpassend, sondern geradezu gottlos. Vor solcher und anderer Gottlosigkeit bewahre uns, Herr! Das Ideal der distanzierten Haltung, an das sie sich klammern, getrieben von einem Sinn für das Schickliche, von Schüchternheit oder auch von Vorsicht, vielleicht auch einfach aus Müdigkeit, verleitet, so vermute ich, einige Kritiker dazu, die abenteuerliche Seite ihres Berufes zu verbergen, was dann ihre Kritik zu einer bloßen »Ankündigung« macht, zum Bericht von einer Reise, in dem nichts als die Entfernungen und die geologischen Formationen des Neulandes vermerkt sind und streng darauf geachtet wird, daß der flüchtige Auftritt unbekannter Bestien, die Gefahren zu Wasser und zu Lande, die Rettungen im allerletzten Augenblick und die Leiden (o ja, auch die Leiden! Ich zweifle nicht, daß auch Leiden vorkommen!) des Reisenden

unerwähnt bleiben; es wird auch kein schattiger Lustort, kein fruchtreicher Baum erwähnt, so daß die ganze Veranstaltung wie die Geschicklichkeitsübung einer abgerichteten Feder wirkt, die in der Wüste schreibt. Ein grausiges Schauspiel, ein höchst beklagenswertes Abenteuer. »Das Leben«, so meint ein unsterblicher Denker von, sagen wir, ländlicher Herkunft, dessen vergänglicher Name der Nachwelt leider nicht erhalten geblieben ist, »das Leben ist nicht nur Bier und Kutteln.« Auch das Schreiben von Romanen ist nicht nur Bier und Kutteln. *Je vous donne ma parole d'honneur,* daß es das–nicht–ist. Jedenfalls nicht *nur.* Ich sage das mit solchem Nachdruck, weil vor etlichen Jahren, wie ich mich erinnere, die Tochter eines Generals ...
Gelegentlich muß die jähe Konfrontation mit dem Treiben der profanen Welt die Einsiedler in ihren Klausen, die Klostermönche des Mittelalters, die einsamen Weisen, die Männer der Wissenschaft, die Reformatoren erschreckt haben; die Konfrontation mit dem oberflächlichen Urteil der Welt muß ein Schock gewesen sein für Geister, die sich erbittert um das Seelenheil, die Erkenntnis, die Mäßigkeit oder auch die Kunst mühten, sei es auch nur die Kunst, Possen zu reißen oder die Flöte zu blasen. Und so kam also die Tochter jenes Generals zu mir – oder besser gesagt, eine Tochter jenes Generals. Es gab drei von diesen unverheirateten Damen in hübsch abgestuftem Alter, die ein benachbartes Landhaus unter gemeinsamer, mehr oder weniger militärischer Besetzung hielten. Die älteste bekämpfte den Niedergang der Umgangsformen der Dorfkinder und führte zahllose Frontalangriffe gegen die Mütter des Dorfes mit dem Ziel, einen Tribut an Knicksen und Verbeugungen einzuheben. Das klingt nach nichts, doch handelte es sich dabei tatsächlich um den Kampf für eine Idee. Die zweite führte Patrouillengänge und Plänkeleien in der Nachbarschaft aus, und diese war es auch, die einen Erkundungsvorstoß bis unmittelbar an meinen Schreibtisch trieb –

ich rede jetzt von der, die Stehkragen trug. Eigentlich machte sie meiner Frau einen Besuch, geleitet vom versöhnlichen Geiste der Nachmittagsstunden, aber doch mit der gewohnten kriegerischen Entschlossenheit. Sie marschierte also mit geschwungenem Stock in mein Zimmer hinein... doch ich darf nicht übertreiben, das ist meine Stärke nicht. Ich bin kein humoristischer Schriftsteller. Mit aller gebotenen Nüchternheit denn: ich weiß bestimmt, daß sie einen Stock bei sich hatte, den sie hätte schwingen können.

Kein Graben und keine Mauer umschlossen mein Gehäuse. Das Fenster war geöffnet; auch die Tür stand dem besten Freund meiner Arbeit offen, dem warmen stillen Sonnenschein der weiten Felder, die mich hilfreich umlagerten; doch um die Wahrheit zu sagen: ich wußte seit Wochen nicht mehr, ob die Sonne schien und die Sterne über mir noch ihre vorgezeichnete Bahn zogen. Damals widmete ich etliche der mir auf dieser Erde zugeteilten Tage den letzten Kapiteln des Romans ›Nostromo‹, der Geschichte einer erdachten (aber echten) Küste, ein Titel, der immer noch hin und wieder ganz freundlich erwähnt wird, manchmal im Zusammenhang mit dem Worte »Mißerfolg«, manchmal mit dem Beiwort »erstaunlich«. Ich selber habe über diesen Widerspruch keine Meinung. Es handelt sich da um einen jener Gegensätze, die niemals ausgeglichen werden können. Ich weiß einzig, daß ich zwanzig Monate hindurch die gemeinen Freuden des Lebens vernachlässigt, auf welche auch der Geringste Anspruch machen darf, und wie der Prophet alter Zeiten »mit dem Herren gerungen« hatte, gerungen um meine Schöpfung, um das Vorgebirge der Küste, um die Düsterkeit der Bucht, um das Licht auf dem Schnee, um die Wolken am Himmel und um den Lebensatem, den ich den männlichen und weiblichen Gestalten, den Südamerikanern und den Angelsachsen, den Juden und den Heiden, einhauchen mußte. Das mögen starke Worte sein, doch ist es schwierig, auf andere Weise die Innigkeit und die Anspannung der schöpferischen Bemühungen anzudeuten, welche den Geist, die Seele und das Bewußtsein Stunde um Stunde und Tag um Tag völlig in Anspruch nimmt, sie der Welt fernhält und alles das ausschließt, was das Leben eigentlich liebenswert und angenehm macht – ein Vorgang, den man einzig vergleichen kann der unaufhörlichen, schwermütig stimmenden Anspannung beim Umschiffen des Kap Horn in westlicher Richtung zur Winterszeit. Denn auch das ist ein Ringen des Menschen mit der Macht seines Schöpfers; es vollzieht sich ohne die Annehmlichkeiten und Tröstungen des Lebens, in völliger Abgeschiedenheit von der Welt, ein einsamer Kampf, der im Bewußtsein, klein und unterlegen zu sein, und nicht um einer angemessenen Belohnung willen, sondern des Gewinnes einiger Längengrade halber geführt wird. Doch ein Längengrad, den man einmal hinter sich gebracht hat, ist unbestritten der unsere. Sonne und Sterne und die Form unserer Erde bezeugen den Gewinn; ein Häuflein beschriebenes Papier indessen, man mag es noch so sehr zu einem Teil seiner selbst gemacht haben, ist bestenfalls eine unbedeutende, fragwürdige Beute. Hier ist sie. »Mißerfolg« – »Erstaunlich«: man möge wählen; vielleicht ist es aber auch beides oder keines von beiden – ist es nichts als ein Rascheln und Flattern von Papier, das in der Nacht herniedersinkt, so wenig unterscheidbar wie die Flocken im Schneegestöber, deren Bestimmung es ist, an der Sonne zu schmelzen.

»Ach, guten Tag!«

Dies der Gruß der Tochter des Generals. Ich hatte nichts gehört – kein Rascheln, keinen Schritt. Ich hatte nur im Augenblick zuvor eine Ahnung des Bösen gehabt; ich hatte das Gefühl einer unheilvollen Gegenwart – nur das, nicht mehr; dann ertönte die Stimme und erfolgte ein Aufprall wie nach einem schrecklichen Absturz aus großer Höhe, einem Absturz

etwa wie von der höchsten jener Wolken, die in sanfter Prozession vor dem schwachen Westwind dieses Julinachmittages über die Felder segelten. Selbstverständlich rappelte ich mich eilig zusammen; mit anderen Worten, ich sprang benommen und erschreckt von meinem Stuhl auf, und alle meine Nerven zuckten unter der Qual, die es bedeutet, mit der Wurzel aus der einen Welt gerissen und – vollendet höflich – in eine andere Welt geschleudert zu werden.
»Oh! Guten Tag. Wollen Sie nicht Platz nehmen?«
So sprach ich. Diese gräßliche, aber, das versichere ich, wahre Erinnerung sagt mehr, als es ein ganzer Band von Bekenntnissen à la Jean Jacques Rousseau könnte. Man bemerke gefälligst, daß ich sie nicht anbrüllte, daß ich keine Möbel umstieß, mich nicht auf den Boden warf und mit Händen und Füßen um mich schlug, daß ich mir auch nicht gestattete, auf andere Manier das erschreckende Ausmaß des angerichteten Unglücks anzudeuten. Die ganze Welt von Costaguana (so hieß, wie man sich vielleicht erinnert, das Land, in dem meine Geschichte spielt) Männer, Frauen, Vorgebirge, Häuser, Hügel, Stadt, *campo* (es gab da weder einen Ziegel, ein Körnchen Sand noch einen Stein, die ich nicht eigenhändig angeordnet hätte); die gesamte Geschichte, Geographie, Politik, Wirtschaft; die Reichtümer des Silberbergwerkes von Charles Gould und die Pracht des großartigen Capataz de Cargadores, dessen Name, in die Nacht hinausgeschrien (Dr. Monygham hörte ihn über sich hinwegschallen – von Linda Violas Stimme gerufen), noch nach seinem Tode die dunkle Bucht beherrscht, welche seine Beute und seine Liebe birgt – das alles also war mir über dem Kopf zusammengestürzt. Ich war überzeugt, es werde mir nie gelingen, die Teile wieder zusammenzusetzen, und sagte doch: »Wollen Sie nicht Platz nehmen?«
Das Meer ist ein strenger Zuchtmeister. Man sehe nur, was die Erziehung auf dem Achterdeck selbst eines Handelsschiffes für

Erfolge zeitigt! Diese Episode müßte jene englischen und schottischen Seeleute (ein oft karikiertes Völkchen), die letzte Hand an meinen Charakter legten, in neuem Lichte erscheinen lassen. Selbstverständlich hat man stets bescheiden zu sein, doch darf ich sagen, daß ich bei Gelegenheit dieser Katastrophe ihren schlichten Lehren Ehre gemacht habe. »Wollen Sie nicht Platz nehmen?« Sehr schön; sehr, sehr schön. Sie nahm Platz. Ihre belustigten Blicke wanderten durchs Zimmer. Manuskriptseiten lagen auf dem Tisch und unter dem Tisch; ein Stoß mit der Maschine beschriebener Bogen türmte sich auf einem Stuhl; einzelne Blätter waren bis in entfernte Ecken geflattert. Es gab dort lebende Seiten, angeschossene und verblutende Seiten, und tote Seiten, die am Ende des Tages verbrannt werden sollten – Überbleibsel auf dem Schlachtfeld nach einem grausigen und langen, langen Gefecht. Lang! Ich nehme an, daß ich gelegentlich zu Bett gegangen und ebenso oft wieder aufgestanden bin. Wahrscheinlich schlief ich und wahrscheinlich aß ich auch das, was man vor mich hinstellte, redete auch bei passender Gelegenheit zusammenhängend zu meinen Mitbewohnern. Doch war ich mir des gleichmäßigen Ablaufes der Tage keinen Augenblick bewußt, den eine stille, wachsame, unermüdliche Liebe mir leicht und geräuschlos regelte. Es schien mir vielmehr so, als sei ich, von den Überbleibseln des verzweifelten Kampfes umgeben, bereits endlose Tage und Nächte dort am Tisch gesessen. Es kam mir so vor, weil jene Unterbrechung mich meiner ungeheueren Erschöpfung gewahr werden ließ – jener schrecklichen Entzauberung, die den Menschen überkommt, der unversehens die Vergeblichkeit einer unerhörten Anstrengung einsieht, zu der sich eine körperliche Müdigkeit gesellt, die auch durch Schwerarbeit nicht zu erklären wäre. Ich kann das beurteilen, denn ich habe, gebückt unter den Decksbalken eines Schiffes, von morgens bis abends (bei anderthalbstündiger Essenspause) Weizensäcke geschleppt.

Und ich liebe die Literatur. Ich wache sehr eifersüchtig über ihre Ehre, und es liegt mir daran, daß der Dienst an ihr mit Anmut und Würde ausgeübt werde. Ich war vermutlich der einzige Schriftsteller, den diese adrette Dame je bei der Ausübung seines Berufes überrascht hatte, und es kränkte mich, daß ich mich nicht erinnern konnte, wann und wie ich mich das letzte Mal angekleidet haben mochte. Am Nötigsten zwar konnte es ohne Zweifel nicht fehlen, denn zu den Gütern des Hauses gehörte ein graublaues, wachsames Augenpaar, das dafür sorgte. Doch irgendwie fühlte ich mich so verwahrlost wie ein *lepero* aus Costaguana nach einem beim Straßenkampf verbrachten Tag, zerknittert und aufgelöst von Kopf bis Fuß. Und ich fürchte, daß ich blöde blinzelte. Dies alles war der Ehre der Literatur und der Würde des literarischen Dienstes abträglich. Undeutlich nahm ich durch die beim Zusammenbruch meines Universums aufgewirbelten Staubwolken wahr, daß sich die gute Dame mit etwas belustigter Gelassenheit im Zimmer umsah. Und sie lächelte. Worüber, zum Kuckuck, hatte sie zu lächeln? Sie bemerkte lässig:
»Ich habe Sie wohl bei der Arbeit gestört?«
»Aber gar nicht.«
Sie akzeptierte diese Auskunft guten Glaubens. Und es stimmte ja auch! Gestört? O nein! Sie hatte mir wenigstens zwanzig Leben geraubt, ein jedes unendlich viel ergreifender und wirklicher als das ihre, denn diese Leben waren von Leidenschaften erfüllt, sie besaßen Überzeugungen, sie waren in bedeutende Affären verwickelt, die ich aus meiner eigenen Substanz zu einem sorgfältig bedachten Ende erschaffen hatte.
Sie schwieg ein Weilchen und sagte dann mit einem letzten Blick auf die umherliegenden Überreste der Schlacht:
»Und hier sitzen Sie also und schreiben Ihre ... Ihre ...«
»Ich – was? Oh, ja, richtig. Hier sitze ich den ganzen Tag.«
»Das muß ja bezaubernd sein.«

Ich nehme an, daß ich, schon nicht mehr der Jüngste, einem Schlaganfall nahe war; doch sie hatte ihren Hund auf der Veranda gelassen, und der Hund meines Sohnes, der seinen Wachdienst vor dem Hause verrichtete, hatte diesen Hund von ferne erspäht. Er näherte sich pfeilgerade und blitzschnell wie eine Kanonenkugel, und der Lärm des Kampfes, der plötzlich in unsere Ohren drang, reichte hin, jeden Schlaganfall zu verscheuchen. Wir gingen eilig hinaus und trennten die tapferen Tiere. Dann erklärte ich der Dame, wo sie meine Frau finden könne – nur eben um die Ecke herum, da, unter den Bäumen. Sie nickte, entfernte sich mit ihrem Hund und ließ mich entgeistert inmitten Tod und Vernichtung zurück, die sie mit leichter Hand angerichtet – und mit dem Klang des scheußlich aufschlußreichen Wortes »bezaubernd« im Ohr.

Gleichwohl habe ich sie dann später pflichtschuldigst zur Gartentüre geleitet. Ich tat das selbstverständlich, um höflich zu sein (was sind schon zwanzig Leben in einem bloßen Roman! Doch wohl kein Anlaß, eine Dame unhöflich zu behandeln!), hauptsächlich tat ich es aber (hier übernehme ich den verläßlichen, nüchternen Stil Ollendorffs), weil ich verhindern wollte, daß der Hund der Tochter des Generals von neuem *(encore)* gegen den Hund meines kleinen Sohnes *(mon petit garçon)* kämpfe. – Fürchtete ich, daß der Hund der Tochter des Generals fähig sein könne, den Hund meines Kindes zu besiegen *(vaincre)?* – Nein, das fürchtete ich nicht... aber fort mit der Methode Ollendorff. So passend und geradezu unerläßlich sie mir scheinen will, wenn ich auf etwas stoße, das mit dieser Dame zu tun hat, so wenig geeignet ist sie, wenn es sich um Herkunft, Charakter und Geschichte dieses Hundes handelt. Denn der Hund war ein Geschenk an das Kind, dargeboten von einem Mann, für den Worte anderen als Ollendorffschen Wert besaßen, einem Mann, den die impulsiven Regungen seines ungezügelten Genies beinahe kindlich erscheinen ließen, dem aufrichtigsten aller Wortimpressionisten, der seine große Gabe untrüglichen Empfindens und treffenden Ausdruckes mit lobenswerter Redlichkeit und starker, wenn vielleicht auch nicht ganz bewußter Überzeugung nutzte. Ich fürchte, seine Kunst fand nicht die Anerkennung, die ihr unverfälschtes poetisches Feuer verdiente. Ich spreche von dem verstorbenen Stephen Crane, dem Verfasser des Buches ›The Red Badge of Courage‹, eines phantasievollen Werkes, das den kurz währenden Tag seiner Berühmtheit im letzten Jahrzehnt des vergangenen Jahrhunderts erlebte. Es folgten andere Bücher. Nicht viele. Er fand nicht mehr die Zeit dazu. Er war ein individuelles, vollendetes Talent, das von der Welt nur eine widerwillige und etwas oberflächliche Anerkennung erfuhr. Was ihn selber angeht, so zögert man, seinen frühen Tod zu bedauern. Irgendwie ähnelte er einem Mann aus seiner Erzählung ›Open Boat‹, einem von jenen, denen das Schicksal nach harter, qualvoller Plage am Ruder kaum je die wohlbehaltene Landung vergönnt. Ich bekenne, daß ich eine unverminderte Neigung zu dieser regsamen, kleinen, zerbrechlichen, ungemein lebhaften, flüchtigen Gestalt empfinde. Er schätzte mich schon, ehe wir einander begegnet waren, einzig um einer oder zweier von mir geschriebener Seiten willen, und es freut mich, denken zu dürfen, daß er mich auch nach unserer Begegnung noch leiden mochte. Er pflegte sehr ernst und auch ein wenig streng zu sagen: »Ein Junge *muß* einfach einen Hund haben!« Ich glaube fast, daß es ihn entsetzte, wie sehr ich meine Vaterpflichten vernachlässigte. Am Ende war er es, der den Hund herbeischaffte. Bald danach, als er eines Tages ganz hingegeben eine Stunde oder länger mit dem Jungen auf dem Teppich gespielt hatte, hob er den Kopf und erklärte bestimmt: »Ich werde Ihrem Sohn das Reiten beibringen.« Dazu sollte es nicht kommen. Soviel Zeit war ihm nicht vergönnt.

Doch hier ist der Hund – jetzt ein alter Hund. Breit, niedrig und krummbeinig, mit schwarzem Kopf auf weißem Rumpf, am Hinterteil einen lächerlichen schwarzen Fleck, provoziert er, spazierengehend, so manches nicht durchaus unfreundliche Lächeln. Äußerlich grotesk und gewinnend, gibt er sich im allgemeinen schüchtern, doch unter seinesgleichen erweist er sich als überraschend kampflustig. Liegt er am Feuer, den Kopf gehoben, den starren, verträumten Blick auf die Schatten des Zimmers gerichtet, so verleiht ihm das Bewußtsein seiner untadeligen Lebensführung eine edle Haltung. Er hat ein Kind aufgezogen, und jetzt, da sein erster Schützling schulreif geworden ist, zieht er einen zweiten mit der gleichen gewissenhaften Hingabe auf, aber doch auch mit einer bedächtigeren Würde im Auftreten, die auf größere Weisheit und gereifte Erfahrung und, wie ich fürchte, auf Rheumatismus schließen läßt. Vom morgendlichen Bad bis zur abendlichen Bettung überwachst du, alter Freund, dein kleines zweibeiniges Adoptivkind und wirst von jedermann im Hause bei der Ausübung deiner Pflichten mit der denkbar größten Rücksicht, der äußersten Behutsamkeit behandelt – ganz wie ich selber, nur daß du es mehr verdienst. Die Tochter des Generals würde dich darüber aufklären, daß es »geradezu bezaubernd« sein muß.

Aha! alter Hund. Sie hat dich nie vom Schmerz gepeinigt heulen hören (das böse linke Ohr) und dich zugleich unglaublich selbstbeherrscht starr und unbeweglich stehen sehen, weil du fürchtetest, anderenfalls das kleine zweibeinige Wesen umzustoßen. Sie hat nie dein resigniertes Lächeln gesehen, wenn das kleine zweibeinige Wesen auf die streng gestellte Frage: »Was tust du dem guten Hund an?« mit weitaugigem, unschuldigem Blick antwortet: »Nichts. Ich mache nur eia, eia, Mammi.«

Die Tochter des Generals kennt nicht die geheimen Bedingungen selbstgestellter Aufgaben, du guter Hund, kennt nicht den Schmerz, der noch im Lohn für unbeugsame Selbstbeherrschung lauert. Wir sind ebenfalls älter geworden, und ist unser Werk auch noch nicht getan, so dürfen wir uns doch hin und wieder am Kamin ein wenig der Selbstbetrachtung überlassen – dürfen meditieren über die Kunst, Kinder aufzuziehen und über das einfach Bezaubernde am Niederschreiben von Geschichten, in denen so viele Leben kommen und gehen, genährt von dem einen, das unmerklich abnimmt.

VI

Bei der Rückschau auf ein Leben, das außer den einleitenden Stadien der Kindheit und der frühen Jugend zwei deutlich sich abhebende Entwicklungen und sogar zwei Elemente wie Erde und Wasser in seiner Szenenfolge aufweist, kann ein gewisses Maß von Naivität nicht ganz vermieden werden. Ich bin mir ihres Vorhandenseins auf diesen Seiten bewußt, und ich sage das nicht in der Absicht, mich zu entschuldigen. Wenn die Jahre hingehen und die Zahl der beschriebenen Blätter stetig zunimmt, nimmt auch die Gewißheit zu, daß man nur für seine Freunde schreiben kann. Warum sollte man sie in die Lage bringen, behaupten zu müssen (wie ein Freund es tun würde), es bedürfe keiner Entschuldigung, warum sollte man Zweifel an der eigenen Besonnenheit in anderen Köpfen wecken? Soviel über die Rücksicht, die den Freunden gebührt, welche ein Wort hier, eine Zeile dort, eine gelungene Seite am rechten Ort, ein treffender Gemeinplatz oder gar eine geglückte Feinheit aus der großen Masse der Mitmenschen zutage gefördert hat wie Fische aus den Tiefen des Meeres. Das Angeln ist, wie jedermann weiß (ich rede jetzt vom Tiefseeangeln), reine Glücksache. Was die Feinde betrifft, die man hat, so sehen die schon selber, wo sie bleiben.

Da gibt es zum Beispiel einen Herrn, der, metaphorisch gesprochen, mit beiden Füßen auf mir herumtrampelt. Dieses Bild ermangelt der Anmut, doch bezeichnet es genau den Sachverhalt – die Sachverhalte. Ich weiß nicht, wie lange er sich dieser intermittierenden Leibesübung schon hingibt, deren Saison vom Verlagsgewerbe bestimmt wird. Irgendwer machte mich (natürlich in Druckbuchstaben) vor einiger Zeit auf ihn aufmerksam, und sogleich empfand ich auch schon eine Art widerwilliger Zuneigung zu diesem kraftvollen Menschen. Er läßt auch nicht ein Quentchen meiner Substanz unzertrampelt; denn die Substanz des Schriftstellers sind seine Schriften; im übrigen ist er ein flüchtiger Schatten, den man nicht aus Gründen der Kritik liebt oder haßt. Nicht ein Quentchen! Doch meine oben erwähnte Gefühlsregung ist keine affektierte oder perverse Grille. Sie hat einen tiefer sitzenden und, wie ich zu denken wage, einen schätzenswerteren Ursprung als launenhafte Willkür. Diese Regung ist zulässig, weil sie zwar widerwillig, doch mit Grund, mit Gründen empfunden wird. Einmal ist da jene Robustheit, die so oft von gutem moralischem Gleichgewicht zeugt. Das ist immerhin ein Grund. Es ist in der Tat nicht angenehm, zertrampelt zu werden, doch gerade für die Gründlichkeit dieses Vorganges, die nicht nur auf sorgsame Lektüre, sondern auch auf wirkliche Einsicht in eine Arbeit hinweist, deren Vorzüge und Gebrechen, wie immer sie nun beschaffen sein mögen, jedenfalls nicht an der Oberfläche liegen, für diese Gründlichkeit also muß man dankbar sein angesichts der Möglichkeit, daß die eigene Arbeit ungelesen verdammt wird. Das ist nun das Ärgste, was dem Schriftsteller zustoßen kann, der seine Seele den Kritikern preisgibt. Selbstverständlich nimmt man daran keinen Schaden, doch ist es unangenehm. Es ist geradeso unangenehm, als entdeckte man unter den braven Reisenden eines Dritterklasseabteils einen fingerfertigen, betrügerischen Kartenkünstler. Die unverhüllte Frechheit seines Vorgehens, das der Torheit und Leichtgläubigkeit der Menschheit tückisch schmeichelt, das schamlose Geschwätz, das ganz offen den Betrug ankündigt, dieweil es von ehrlichem Spiel redet, das alles erfüllt einen mit unerträglichem Ekel. Die aufrichtige Gewalttätigkeit eines einfachen Menschen, der ein faires Spiel fair spielt, mag – wenn er die Absicht hat, den Gegner niederzustrecken – erschrecken, doch bleibt sie in den Grenzen des Anstandes. Sein Verhalten kann Schaden verursachen, doch ist es nicht beleidigend. Man kann Ehrlichkeit selbst dann schätzen, wenn sie auf Kosten der eigenen Person geht. Doch liegt es auch auf der Hand, daß ein Feind dieser Art sich nicht durch Erläuterungen Einhalt gebieten oder durch Entschuldigungen beschwichtigen läßt. Sollte ich versuchen, die Naivität dieser Seiten mit meiner Jugend zu entschuldigen, so würde er vermutlich in anderthalb beißenden Spalten »Unfug« sagen. Und doch ist ein Schriftsteller nicht älter als sein erstes veröffentlichtes Buch; und wenn auch die Spuren des Verfalles an mir wahrzunehmen sind, die dem flüchtigen Leben anhaften, so stehe ich hier doch unter dem Kranz von fünfzehn kurzen Sommern auf meiner Stirn.

Nachdem ich nun angemerkt habe, daß in so zartem Alter einige Naivität in Empfinden und Ausdruck wohl entschuldbar ist, will ich einräumen, daß meine frühere Existenzform keine gute Vorbereitung auf das literarische Leben gewesen war. Vielleicht hätte ich das Wort literarisch vermeiden sollen. Dieses Wort setzt eine Innigkeit der Beziehung zur Literatur, eine Geisteshaltung und eine Art des Empfindens voraus, die ich für mich nicht zu beanspruchen wage. Ich liebe die Literatur bloß; doch macht die Liebe zur Literatur ebensowenig den Literaten, wie die Liebe zur See den Seemann macht. Und es ist sehr wohl möglich, daß ich die Literatur ganz so liebe, wie der Literat die See lieben mag, auf die er vom Strand her blickt – ein Schauplatz mächtiger Bemühung und mächtiger Vollendung, die das Antlitz der Welt verandert haben, eine große, offene Straße zu allen möglichen unentdeckten Ländern. Nein, ich sollte vielleicht lieber erklären, daß ein Leben zur See – und ich meine nicht ein kurzes Hineinschmecken, sondern eine gute breite Spanne von Jahren, etwas, das als echter Dienst gelten kann – im ganzen gesehen keine gute Vorbereitung auf ein schreibendes Leben ist. Doch Gott verhüte, daß jemand auf den Gedanken käme, ich wollte meine Lehrmeister vom Achterdeck verleugnen. Eines solchen Abfalles wäre ich nicht fähig. Ich habe meiner Ehrfurcht vor ihnen in drei oder vier Erzählungen Ausdruck verliehen, und wenn es auf Erden einen Menschen gibt, der sich mehr als andere treu bleiben muß, will er hoffen dürfen, erlöst zu werden, so ist es der Erzähler.

Ich wollte eigentlich nichts anderes sagen, als daß die Ausbildung auf dem Achterdeck keine zureichende Vorbereitung auf die Hinnahme literarischer Kritik darstellt. Nur das und nichts mehr. Diesem Mangel fehlt aber nicht die Würde. Falls es erlaubt ist, die Definition des Herrn Anatole France vom guten Kritiker zu verdrehen, umzukehren, anzupassen (und zu verderben), dann ließe sich sagen, der gute Autor sei derjenige, der ohne besonderes Vergnügen oder Mißvergnügen die Abenteuer seiner Seele unter Kritikern betrachtet. Fern sei es von mir, eine aufmerksame Leserschaft zu dem Glauben zu verleiten, es gebe keine Kritik auf See. Das wäre unehrlich, ja unhöflich. Auf See kann man alles finden, je nachdem, wonach der Geist verlangt – Streit und Frieden, Romantik, Naturalismus der ausgeprägtesten Art, Ideale, Langeweile, Ekel, Inspiration – jede nur vorstellbare Gelegenheit, einschließlich der, sich zum Narren zu machen, ganz so wie bei der Beschäftigung mit der Literatur. Doch Kritik auf dem Achterdeck unterscheidet sich ein wenig von literarischer Kritik. Gemeinsam ist beiden, daß es sich in der Regel nicht auszahlt, zu widersprechen. Jawohl, man findet Kritik, selbst Anerkennung, auf See – ich sage doch, man findet alles auf dem Salzwasser –, die Kritik immer aus dem Stegreif und immer *viva voce*, das ist der äußerliche, der auf der Hand liegende Unterschied zur literarischen Bemühung gleicher Art, und folgerichtig von einer Frische und Lebhaftigkeit, die dem gedruckten Wort oft abgeht. Mit der Anerkennung, die erst am Ende erfolgt, wenn

Kritiker und Kritisierter im Begriff sind, auseinanderzugehen, steht es anders. Die seemännische Anerkennung unserer bescheidenen Begabung besitzt stets die Dauerhaftigkeit des geschriebenen Wortes, selten den Reiz der Mannigfaltigkeit und immer einen sehr förmlichen Stil. Da hat der literarische Meister die Oberhand, obschon auch er im Grunde nichts weiter sagen kann – und es oft mit eben diesem Satz sagt – als: »Mit bestem Gewissen von mir zu empfehlen.« Allerdings bedient er sich meist des Wortes »Wir«, denn in der ersten Person Pluralis liegt eine okkulte Tugend verborgen, die sie besonders geeignet macht zur Verwendung in den Verlautbarungen der Kritiker und Könige. Ich besitze eine kleine Handvoll solcher Empfehlungen, von verschiedenen Kapitänen unterzeichnet; sie vergilben langsam in der linken Schublade meines Schreibtisches, sie rascheln unter meiner ehrfürchtigen Berührung wie eine Handvoll trockener Blätter, als zartes Andenken vom Baume der Erkenntnis gepflückt. Seltsam! Es scheint doch so, als hätte ich einzig um dieser wenigen Bogen Papier, an deren oberem Rand die Namen der Schiffe und an deren unterem Rand die Namen einiger schottischer und englischer Kapitäne stehen, staunende Empörung, Hohn und Vorwürfe von der Art auf mich genommen, die für einen fünfzehnjährigen Knaben besonders schwer erträglich sind; mir um dieser Blätter willen Mangel an Patriotismus, an gesundem Menschenverstand, an Liebe vorwerfen lassen, hätte um ihretwillen einen qualvollen inneren Kampf gekämpft, insgeheim nicht wenige Tränen geweint, mir die Freuden des Furkapasses vergällen und mich in Anspielung auf die buchgeborene Verrücktheit des Ritters einen »unverbesserlichen Don Quijote« schelten lassen. Um dieser Ausbeute willen! Sie rascheln, diese Blätter – insgesamt etliche Dutzend. In diesem verstohlenen, spukhaften Rascheln leben die Erinnerungen von zwanzig Jahren, die Stimmen rauher, nun dahingegangener Männer, das

Fauchen des unaufhörlich blasenden Windes und das Flüstern einer geheimnisvollen Zaubersprache, das Murmeln der großen See, das auf irgendeine Weise meine im Binnenland stehende Wiege erreicht haben und an mein Ohr gedrungen sein muß wie die Beschwörung, die der muselmanische Vater ins Ohr des neugeborenen Kindes wispert und die es fast vom ersten Atemzuge an zum Rechtgläubigen macht. Ich weiß nicht, ob ich ein guter Seemann war, doch ich weiß, daß ich ein gewissenhafter Seemann war. Und schließlich ist da noch diese Handvoll ›Zeugnisse‹ von verschiedenen Schiffen, die mir beweisen, daß alle diese Jahre nicht ganz und gar ein Traum waren. Da sind sie also, knapp und eintönig in ihrem Tenor und doch so anregend für mich wie nur irgendeine inspirierte Seite der Literatur. Aber man hat mich ja auch einen Romantiker genannt. Nun, daran ist nichts zu ändern. Doch halt. Mir ist so, als habe man mich auch einen Realisten genannt. Und da auch dieser Vorwurf begründet werden kann, so will ich denn versuchen, ihn, was es auch koste, der Abwechslung halber einmal gerechtfertigt erscheinen zu lassen. Und zu diesem Zwecke, und nur weil niemand zugegen ist, der mich im mitternächtlichen Schein der Lampe erröten sehen kann, will ich züchtig gestehen, daß die inhaltsschweren Empfehlungen vom Achterdeck ohne Ausnahme die Worte »absolut nüchtern« enthalten.

Habe ich da jemanden höflich murmeln hören: »Das ist ja recht erfreulich«? Nun ja, es ist erfreulich – vielen Dank. Es ist mindestens so erfreulich, Nüchternheit bescheinigt zu erhalten als Romantik, wenn solche Bescheinigung einen auch noch nicht befähigt, das Amt eines Sekretärs der Temperenzlergesellschaft einzunehmen oder sich um die Stelle des offiziellen Troubadours bei einer vornehmen demokratischen Einrichtung wie dem Stadtrat von London zu bewerben. Diese prosaische Anmerkung steht hier einzig zum Beweis dafür, daß ich in weltlichen Dingen ein nüchternes Urteil habe. Ich betone das deshalb besonders, weil ein Pariser Kritiker – ich bin fast gewiß, daß es Monsieur Gustave Kahn in *Gil-Blas* war –, der vor etwa zwei Jahren eine meiner in französischer Übersetzung erschienenen Novellen besprach, seinen flüchtigen Eindruck von ihrem Verfasser mit den Worten *un puissant rêveur* zusammenfaßte. Sei's drum! Wer wollte die Worte eines geneigten Lesers bekritteln? Vielleicht aber doch auch wieder kein so unbedingter Träumer. Ich erkühne mich zu behaupten, daß ich weder an Land noch auf See jemals das Gefühl verloren habe, verantwortlich zu sein. Es gibt mehr als eine Art des Rausches. Selbst angesichts der verführerischsten Träumereien habe ich nie die innere Nüchternheit, die Enthaltsamkeit des Gefühls aufgegeben, mit deren Hilfe allein die unverhüllte Form der Wahrheit, so wie man sie begreift, so wie man sie empfindet, ohne Beschämung dargestellt werden kann. Es ist nur eine rührselige und indezente Wahrheit, die im Weine liegt. Ich habe mich mein ganzes Leben hindurch – meine zwei Leben hindurch – bemüht, ein nüchterner Arbeiter zu sein. Ohne Zweifel entsprach dies meinem Geschmack, denn ich habe eine instinktive Angst davor, die Gewißheit zu verlieren, bei vollem Bewußtsein zu handeln, doch bin ich auch aus künstlerischer Überzeugung so verfahren. Allein, auf beiden Seiten des wahren Weges liegen so viele Fallgruben, daß ich mich, ein wenig zerschlagen und erschöpft, wie ein ältlicher Wanderer sich nach den täglichen Anstrengungen des Marsches fühlen muß, frage, ob ich immer, immer jene Nüchternheit bewahrt habe, welche Kraft, Wahrheit und Frieden ist.

Was meine Nüchternheit auf See betrifft, so wird sie über dem Handzeichen etlicher vertrauenswürdiger Kapitäne bescheinigt, die zu ihrer Zeit ein gewisses Ansehen genossen. Ich höre da schon ein höfliches Murmeln: »Das sollte man doch eigentlich für selbstverständlich halten dürfen.« Nun... nein. Das ist es

nicht unbedingt. Die hochmögende gelehrte Körperschaft der Abteilung Marine im Handelsministerium hält, wo es um die Verleihung ihrer umständlichen Titel geht, nichts für selbstverständlich. Die Vorschriften des ersten Statutes der Handelsschiffahrt bestimmen, daß das Wort NÜCHTERN ausgeschrieben sein muß, anderenfalls nützt ein Sackvoll, eine Tonne, ja, ein ganzer Berg der lobendsten Zeugnisse nicht das mindeste. Die Türen der Prüfungsräume bleiben allen Tränen und allem Flehen verschlossen. Der fanatischste Temperenzler könnte in seiner Rechtschaffenheit nicht unbarmherziger sein als die Abteilung Marine im Handelsministerium. Da ich mich im Laufe der Zeit allen (in meiner Generation tätigen) Prüfern des Londoner Hafenamtes gegenüber gesehen habe, kann an der Stärke und Dauer meiner Enthaltsamkeit kein Zweifel bestehen. Drei von ihnen prüften die seemännische Befähigung, und es war mein Schicksal, jeweils nach den vorgeschriebenen Zwischenspielen auf See in die Hände eines jeden von ihnen zu fallen. Der erste, ein hochgewachsener, hagerer Mann, weißhaarig, mit weißem Schnurrbart, verhaltenem, freundlichem Gebaren und wohlwollend kluger Miene, muß, jedenfalls bin ich zu diesem Schluß gezwungen, durch irgend etwas an meinem Äußeren ungünstig beeindruckt worden sein. Er hatte die alten dünnen Hände locker auf dem übergeschlagenen Knie gefaltet und begann mit milder Stimme und einer elementaren Frage, dann fragte er weiter und weiter ... Das ging so Stunde um Stunde.
Wäre ich eine fremdartige Mikrobe gewesen mit dem Vermögen, der Handelsmarine einen tödlichen Streich zu spielen, man hätte mich keiner gründlicheren Untersuchung unterwerfen können. Von dem offenkundigen Wohlwollen des Prüfers beruhigt, hatte ich meine Antworten anfänglich mit der allergrößten Aufmerksamkeit gegeben. Nach einer Weile bemächtigte sich meiner jedoch das Gefühl, in meinem Hirn beginne ein Verödungsprozeß. Dabei dauerte diese gleichmütige Befra-

gung fort und fort, und es kam mir vor, als wären allein auf die Präliminarien bereits ungezählte Zeitalter verwendet worden. Da bekam ich Angst. Ich fürchtete nicht, durchzufallen, diese Möglichkeit kam mir gar nicht in den Sinn. Es war etwas viel Schrecklicheres, was mich ängstigte, etwas Gespenstisches. »Dieser alte Mann«, so sagte ich mir entsetzt, »ist dem Grabe so nahe, daß er offenbar alles Zeitgefühl verloren hat. Er betrachtet diese Prüfung als ein Mann, der bereits in Ewigkeiten rechnet. Das ist schön und gut für ihn, er hat sein Leben hinter sich. Aber ich kehre vielleicht aus diesem Zimmer als ein Fremder in die Welt zurück, freundlos, vergessen sogar von meiner Wirtin, selbst wenn es mir nach diesem endlosen Erlebnis hier gelänge, mich des Weges zu meiner gemieteten Behausung zu entsinnen.« Diese Behauptung ist weniger übertrieben, als man annehmen mag. Während ich mir meine Antworten überlegte, gingen mir etliche sehr seltsame Gedanken durch den Kopf; Gedanken, die nichts mit der Seefahrt, ja überhaupt nichts mit Irdisch-Vernünftigem zu tun hatten. Ich glaube wirklich, daß ich zeitweise von einer trägen Euphorie befallen war. Schließlich entstand eine Stille, und auch diese schien ganze Zeitalter anzudauern, während der Prüfer über den Tisch gebeugt mit lautloser Feder den Prüfungsbericht ausfüllte. Er hielt mir wortlos den Zettel hin und neigte würdig sein weißes Haupt, während ich mich zum Abschied verbeugte...

Als ich den Raum verlassen hatte, fühlte ich mich schlaff und eingefallen wie eine ausgepreßte Zitrone, und der Portier, vor dessen Glaskasten ich haltmachte, um meinen Hut gegen einen Schilling Trinkgeld zu empfangen, sagte: »Ich dachte schon, Sie kämen gar nicht mehr raus.«

»Wie lange war ich drin?« fragte ich schwach.

Er zog die Uhr. »Er hat Sie nicht ganz drei Stunden da drinnen festgehalten, Sir. Soweit ich mich erinnere, ist das noch bei keinem der Herren je vorgekommen.«

Erst als ich das Gebäude verließ, begann ich, wie man sagt, auf Wolken zu gehen. Und da das menschliche Tier die Veränderung scheut und dem Unbekannten nur mit Bangen entgegensieht, sagte ich mir, es wäre gar nicht so schlimm, das nächste Mal wiederum von dem gleichen Manne examiniert zu werden. Doch als die Zeit der Prüfung neuerlich herangerückt war, führte mich der Portier in einen anderen Raum mit der nun schon bekannten Ausstattung von Schiffs- und Takelagemodellen, der Signaltafel an der Wand, dem großen langen Tisch, dessen Platte amtliche Formulare bedeckten und an dessen Kante ein ungetakelter Mast befestigt war. Der einzige Insasse des Zimmers war mir dem Aussehen nach zwar unbekannt, nicht aber dem Rufe nach, und der war einfach fluchwürdig. Gedrungen und klein (soweit ich sehen konnte), bekleidet mit einem alten braunen Gehrock, so saß er da, auf seinen Ellenbogen gestützt, die Augen mit der Hand beschattend und halb weggewandt von dem Stuhl, auf den ich mich an der anderen Seite des Tisches zu setzen hatte. Er war reglos, geheimnisvoll, distanziert, rätselhaft, und seine Haltung hatte auch etwas Trauerndes, so wie die der Statue des Giuliano (glaube ich) de Medici, der auf dem Grabmal von Michelangelo die Augen mit der Hand schirmt, wenn er auch weit, weit entfernt davon war, schön zu sein. Er begann damit, daß er mich zu verleiten suchte, Unfug zu reden. Doch vor dieser seiner teuflischen Manier hatte man mich gewarnt, und ich widersprach ihm mit großem Selbstvertrauen. Nach einem Weilchen gab er es auf. So weit, so gut. Doch seine Reglosigkeit, der fleischige Ellenbogen auf der Tischplatte, die schroffe, bekümmerte Stimme, das beschattete, abgewandte Gesicht wurden nach und nach immer eindrucksvoller. Er schwieg einen Moment undurchdringlich, dann versetzte er mich auf See in ein Schiff von bestimmter Größe, nannte Wetterbedingungen, Jahreszeit, Standort usw. – alles sehr klar und genau –

und befahl mir, ein bestimmtes Manöver auszuführen. Ehe ich halb damit fertig war, fügte er dem Schiff einen Schaden zu. Kaum war ich damit zurande gekommen, da kündigte er schon den nächsten Schaden an, und als ich auch gegen diesen etwas unternommen hatte, setzte er mir ein fremdes Schiff vor die Nase und brachte mich so in eine gefährliche Situation. Ich war recht empört über seine Fertigkeit, so zahlreiche Mißgeschicke auf einen einzelnen Menschen zu häufen.

»Ich wäre gar nicht erst in diese üble Lage geraten«, sagte ich milde. »Das Schiff da hätte ich schon vorher gesehen.«

Er zuckte mit keiner Wimper.

»Nein, Sie konnten es nicht sehen. Es herrscht Nebel.«

»Ach, das wußte ich nicht«, entschuldigte ich mich verblüfft. Ich habe dann wohl den Zusammenstoß mit einem hohen Grade von Wahrscheinlichkeit vermieden, und das grausige Geschäft ging weiter. Man muß wissen, daß das Prüfungsschema, dem er mich unterwarf, eine Heimreise darstellte – genau die Art von Reise, die ich meinem schlimmsten Feinde nicht wünschen würde. Jenes gedachte Schiff schien unter einem Fluch zu stehen. Es hat keinen Sinn, die endlose Kette von Unglücksfällen hier des langen und breiten wiederzugeben; es möge genügen zu sagen, daß ich lange vor dem Ende dieser Reise mit Wonne auf das Schiff des Fliegenden Holländers umgestiegen wäre. Endlich schob er mich in die Nordsee (jedenfalls nehme ich das an) und beschenkte mich in Lee mit einer Küste, der Sandbänke vorgelagert waren – wohl die Küste Hollands. Entfernung achtzig Meilen. Eine so unversöhnlich feindselige Geste brachte mich für kurze Zeit zum Verstummen.

»Nun?« sagte er, denn bis dahin war unser Tempo recht beachtlich gewesen.

»Da muß ich ein wenig nachdenken, Sir.«

»Es sieht nicht so aus, als hätten Sie viel Zeit dazu«, knurrte er höhnisch unter seiner Hand her.

»Nein, Sir«, sagte ich recht lebhaft. »An Bord des Schiffes gewiß nicht. Doch haben sich bereits so viele Unglücksfälle ereignet, daß ich nicht mehr weiß, was ich eigentlich noch zur Verfügung habe.«

Immer noch halb weggewandt und mit bedeckten Augen, knurrte er ganz unerwartet eine Bemerkung hervor:

»Sie haben sich sehr gut gehalten.«

»Habe ich noch die beiden Buganker, Sir?« fragte ich.

»Ja.«

Ich bereitete mich gerade darauf vor, als letzte Hoffnung für das Schiff beide Anker zu werfen, als sein teuflisches System, die Improvisationsgabe zu prüfen, neuerlich ins Spiel kam.

»Es ist aber nur eine Kette da. Die andere haben Sie verloren.«

Das war erbitternd.

»Dann würde ich die Anker verkatten und mein stärkstes Tau am Ende der Kette festmachen, ehe ich die Anker gehen lasse. Wenn das Schiff sich dann losreißt, was sehr wahrscheinlich ist, nun, dann würde ich gar nichts mehr tun. Dann muß es sich eben losreißen.«

»Nichts mehr zu machen, was?«

»Nein, Sir. Ich könnte dann nichts mehr machen.«

Er lachte bitter.

»Sie könnten immer noch Ihre Gebete sprechen.«

Er stand auf, reckte sich und gähnte ein wenig. Sein Gesicht war bleich, energisch und unliebenswürdig. Verdrossen und gelangweilt legte er mir die üblichen Fragen über Lichter und Signale vor, und ich entwischte dankerfüllt aus diesem Raum – bestanden! Vierzig Minuten lang! Und wiederum ging ich wie auf Wolken Tower Hill entlang, wo so viele brave Männer den Kopf verloren hatten, weil sie, wie mir scheint, nicht erfindungsreich genug gewesen waren, ihn zu retten. Und in meinem tiefsten Herzen hatte ich gar nichts dagegen, wieder vor diesen Prüfer zu treten, wenn es in etwa einem Jahr Zeit sein würde,

die letzte Probe zu bestehen. Ich hoffte sogar darauf. Ich kannte ihn jetzt von seiner schlimmsten Seite, und vierzig Minuten waren keine unzumutbare Zeitspanne. Ja, ich hoffte sehr...
Aber nichts da. Als ich mich zur Kapitänsprüfung vorstellte, wurde ich von einem kleinen, beleibten Prüfer mit rundem, weichem Gesicht in grauer Bartkrause und mit blühenden redseligen Lippen empfangen. Er begann das Unternehmen mit einem gemütlichen: »Na, da wollen wir mal sehen. Hm. Erzählen Sie mir doch mal alles, was Sie über das Vertragsverhältnis zwischen Reeder und Befrachter wissen.« In dieser Art wickelte er die ganze Prüfung ab; er erzählte gelegentlich kleine Anekdoten aus seinem Leben, gebot sich dann aber wieder Einhalt und kam zur Sache. Das war sehr fesselnd. »Wie stellen Sie sich ein behelfsmäßiges Ruder vor?« fragte er mich plötzlich am Ende einer recht lehrreichen Geschichte, die mit der Verteilung der Ladung zu tun hatte.
Ich schickte voraus, daß ich keine Erfahrung mit dem Verlust des Ruders auf See gehabt hatte und gab ihm zwei klassische Beispiele aus Lehrbüchern für die Anfertigung von Behelfsrudern. Er seinerseits beschrieb mir ein Notruder, das er selber erdacht, als er vor Jahren das Kommando auf einem 3000 Tonnen schweren Dampfer geführt hatte. Ich schwöre, daß ich noch nie von einem derart raffinierten Hilfsmittel gehört hatte. »Das kann Ihnen vielleicht eines Tages nützlich sein«, schloß er. »Sie werden sich jetzt auf Dampf umstellen müssen. Alle werden sich auf Dampf umstellen.«
Da irrte er. Ich habe mich nie auf Dampf umgestellt, jedenfalls nicht eigentlich. Wenn ich nur lange genug am Leben bleibe, werde ich zum bizarren Relikt ausgestorbener, barbarischer Gebräuche, zu einer Art monströser Antiquität, der einzige Seemann aus unerleuchteter Vorzeit, der sich nicht auf Dampf umgestellt hat, jedenfalls nicht eigentlich.
Bevor die Prüfung vorüber war, teilte er mir noch etliche sehr

interessante Einzelheiten über die Versorgungstransporte während des Krimkrieges mit.
»Zu jener Zeit hat man auch ganz allgemein Takelwerk aus Draht eingeführt«, bemerkte er. »Ich war dazumal ein ganz junger Kapitän. Da waren Sie noch gar nicht geboren.«
»Nein, Sir. Ich bin Jahrgang 1857.«
»Das war das Jahr der Meuterei«, sagte er wie zu sich und setzte lauter hinzu, sein Schiff sei damals im Auftrag der Regierung im Golf von Bengalen gewesen.
Ganz offenbar war es der Transportdienst gewesen, dem dieser Prüfer seine Karriere zu danken hatte, der mir so unerwartet Einblick in sein Leben gewährt und in mir das Gefühl für die Kontinuität jenes Lebens zur See geweckt hatte, in das ich von außen her eintrat; und damit hatte er der amtlichen Beziehung eine menschliche Färbung gegeben. Ich fühlte mich zugehörig. Seine Erlebnisse gingen auch mich an, geradeso als sei er einer meiner Vorfahren.
Während er meinen langen Namen (er besteht aus zwölf Buchstaben) mühsam und sorgfältig auf einen blauen Zettel schrieb, bemerkte er:
»Sie sind also polnischer Abstammung.«
»Ich bin dort geboren, Sir.«
Er legte die Feder weg, lehnte sich zurück und sah mich an, als sähe er mich zum erstenmal.
»Ich glaube nicht, daß viele Polen in unserer Marine dienen. Ich kann mich nicht erinnern, je einem begegnet zu sein, weder auf See noch später an Land. Ich wüßte auch nicht, daß ich je von einem gehört hätte. Sie sind doch Binnenländer, nicht wahr?«
Ich sagte ja – sehr sogar. Wir seien nicht nur geographisch der See fern, sondern hätten nicht einmal indirekt Verbindung zu ihr. Unser Volk sei keineswegs ein Handelsvolk, sondern beschränke sich auf die Landwirtschaft. Er machte dann die

wunderliche Bemerkung, ich hätte doch »einen weiten Weg gemacht, um mein Leben zur See zu beginnen«, ganz als sei ein Leben zur See nicht gerade ein Leben, in dem man sich weit von zu Hause entfernt.
Ich sagte lächelnd, ich hätte, um ein Schiff zu finden, gewiß nicht soweit von zu Hause fortgehen müssen, doch hätte ich mir gesagt, daß ich, wenn schon Seemann, dann nur britischer Seemann werden wolle. Es sei das eine wohlüberlegte Wahl gewesen.
Darauf nickte er leicht, und da er mich weiterhin fragend ansah, wurde ich etwas ausführlicher; ich gestand, unterwegs ein wenig Zeit im Mittelmeer und in Westindien vertrödelt zu haben. Ich hatte mich der britischen Handelsmarine nicht noch mit den Eierschalen hinter den Ohren präsentieren wollen. Es hätte keinen Sinn gehabt, ihm zu sagen, daß meine rätselhafte Berufung so stark war, daß ich mir sogar die Hörner erst auf See ablaufen mußte. Das war die reine Wahrheit, doch hätte er, wie ich befürchten mußte, wohl kaum die etwas ungewöhnlichen Hintergründe meines Zurseegehens begriffen.
»Sie haben wohl nie einen Ihrer Landsleute auf See getroffen, wie?«
Ich gab zu, daß ich nie einen getroffen hatte. Der Prüfer hatte sich jetzt ganz einer müßig geschwätzigen Stimmung überlassen. Ich hatte es ebenfalls nicht eilig, jenen Raum zu verlassen. Durchaus nicht. Die Ära der Prüfungen war vorüber. Ich würde diesen freundlichen Mann, der ein berufsmäßiger Vorfahr, eine Art Großvater des Gewerbes war, nie wieder zu sehen bekommen. Überdies mußte ich darauf warten, daß er mich entlasse, und davon war nichts zu bemerken. Als er mich weiterhin schweigend ansah, fügte ich hinzu:
»Ich habe vor etlichen Jahren von einem gehört. Wenn ich mich nicht irre, war es ein Schiffsjunge, der an Bord eines Schiffes aus Liverpool Dienst tat.«

»Wie hieß er?«
Ich sagte es ihm.
»Wie haben Sie das ausgesprochen?« fragte er und runzelte die Brauen, als er die sonderbaren Laute vernahm. Ich wiederholte den Namen sehr deutlich.
»Wie buchstabiert man das?«
Ich sagte es. Er schüttelte den Kopf über diesen unpraktischen Namen und bemerkte: »Der ist genau so lang wie Ihr eigener, was?«
Eile war nicht geboten. Ich hatte meine Kapitänsprüfung bestanden und ein ganzes Leben vor mir, um etwas damit anzufangen. Das schien mir wie eine sehr lange Zeit. Ich stellte also in aller Ruhe eine Berechnung an und sagte: »Nicht ganz. Er ist um zwei Buchstaben kürzer, Sir.«
»Ach!« Der Prüfer schob mir den unterschriebenen blauen Zettel über den Tisch hin und stand von seinem Stuhl auf. Irgendwie erschien mir das als ein sehr unvermittelter Abbruch unserer Beziehung, und es tat mir beinahe leid, mich von diesem ausgezeichneten Menschen trennen zu müssen, der schon Herr über ein Schiff gewesen, ehe noch das Wispern der See zu meiner Wiege gedrungen war. Er bot mir die Hand und wünschte mir alles Gute. Er begleitete mich sogar etliche Schritte zur Tür und gab mir noch einen gutmütigen Rat auf den Weg.
»Ich weiß zwar nicht, was Sie für Pläne haben, aber Sie sollten sich auf Dampf umstellen. Nach der Kapitänsprüfung ist die beste Zeit dazu. Wenn ich Sie wäre, würde ich mich auf Dampf umstellen.«
Ich bedankte mich und schloß die Tür nun endgültig hinter der Ära der Prüfungen. Doch dieses Mal ging ich nicht auf Wolken, wie nach den beiden vorigen Malen. Ich überquerte den Hügel vieler Enthauptungen gemessenen Schrittes. Es ist eine unbezweifelbare Tatsache, so sprach ich zu mir, daß du

jetzt Kapitän der britischen Handelsmarine bist. Nicht, daß ich eine übertriebene Vorstellung von der Bedeutung dieser bescheidenen Leistung gehabt hätte, wenn ich sie auch ohne die Hilfe von glücklichen Zufällen, günstigen Gelegenheiten oder anderen sachfremden Einflüssen vollbracht hatte. Die Tatsache, die als solche zugleich befriedigend und nichtssagend war, hatte für mich eine bestimmte ideelle Bedeutung. Sie war die Antwort auf gewisse unverhüllt skeptische Äußerungen, ja, auf einige nicht sehr freundliche Anschwärzungen. Ich hatte mich in einer Sache behauptet, die als stupide Verranntheit oder als phantastische Laune verschrien worden war. Ich will damit nicht sagen, ein ganzes Land habe in Krämpfen gelegen, weil ich den Wunsch hatte, zur See zu gehen. Doch für einen Knaben zwischen fünfzehn und sechzehn Jahren, einen gewissenhaften, empfindsamen Knaben, hatte der Aufruhr in seiner kleinen Welt wirklich bedeutend ausgesehen, so bedeutend, daß, absurd wie es klingt, das Echo darauf bis heute nicht verstummt ist. Ich ertappe mich dabei, daß ich in Stunden der Einsamkeit und des Rückblicks auf Einreden und Vorwürfe antworte, die fünfunddreißig Jahre zuvor und von Stimmen erhoben worden waren, die seither für immer verstummt sind; ich finde jetzt Antworten, die der bestürmte Knabe nicht hatte finden können, einfach weil sein Antrieb ihm selber rätselhaft war. Ich verstand damals ebensowenig, was vorging, als jene, die mich aufforderten, mich zu erklären. Es gab keinen ähnlich gelagerten Fall. Ich glaube wirklich, der meine war der einzige Fall eines Knaben meines Herkommens und meiner Nationalität, der sich sozusagen mit einem einzigen Satz aus seiner Umgebung und seinen Bindungen löste. Dazu muß man wissen, daß ich mit dieser meiner Berufung nicht den Gedanken an eine ›Karriere‹ verband. Rußland oder Deutschland kamen dafür nicht in Frage. Beide schieden meiner Nationalität und meiner Herkunft wegen aus. Die Abneigung gegen den Dienst in der österreichischen Flotte war weniger ausgeprägt, und ich glaube sagen zu dürfen, es wäre mir unschwer gelungen, als Seekadett in Pola aufgenommen zu werden. Ich hätte vielleicht ein halbes Jahr Deutsch pauken müssen, aber ich war noch nicht über das Aufnahmealter hinaus und auch in anderer Hinsicht sehr geeignet. Es wurde erwogen, meinem Starrsinn auf diesem Wege etwas entgegenzukommen – doch nicht von mir. Ich muß zugeben, daß meine Ablehnung in diesem Falle unverzüglich gebilligt wurde. Sie war selbst meinen feindseligen Kritikern verständlich. Man verlangte keine Erklärung von mir; in Wahrheit aber hatte ich es gar nicht auf die Marinelaufbahn abgesehen, sondern auf die Seefahrt. Es schien kein Weg ans Meer zu führen als der durch Frankreich. Ich beherrschte immerhin die Sprache, und von allen europäischen Ländern ist es Frankreich, mit dem Polen die engsten Beziehungen unterhält. Es erwies sich dann auch als möglich, mich anfänglich ein wenig im Auge zu behalten. Briefe wurden geschrieben, Antworten trafen ein, man bereitete meine Reise nach Marseille vor, wo ein ausgezeichneter junger Mann namens Solary, den man auf dem Umweg über etliche französische Bekannte aufgestöbert, gutmütig versprochen hatte, dem *jeune homme* für seine erste Ausfahrt zu einem anständigen Schiff zu verhelfen, wenn er sich denn endgültig entschlossen habe, *ce métier de chien* zu kosten.

Ich betrachtete dankbar alle diese Vorbereitungen und hielt weislich den Mund. Doch was ich dem letzten meiner Prüfer sagte, entsprach durchaus der Wahrheit. Schon war der feste Entschluß, »wenn Seemann, dann nur englischer Seemann«, in meinem Inneren ausgesprochen worden, wenn auch selbstverständlich in polnischer Sprache. Ich verstand keine sechs Worte Englisch und war schlau genug zu begreifen, daß es besser sei, nichts von meinem Vorhaben verlauten zu lassen. Mindestens die entfernten Bekannten sahen in mir ohnehin einen Halbirren. Hauptsache war, wegzukommen. Ich vertraute ganz auf den sehr höflichen Brief, den der gutmütige Solary an meinen Onkel gerichtet hatte, wenn mich auch der kleine Satz von *ce métier de chien* erschreckte.

Dieser Solary (Baptistin) erwies sich, als ich ihn endlich in Fleisch und Blut vor mir hatte, als ein noch recht junger, sehr gut aussehender Mann mit schön gestutztem, schwarzem Bart, blühender Haut und zärtlichen, lustig schwarzen Augen. Er war so umgänglich und gutmütig, wie ein Junge es sich nur wünschen konnte. Ich lag nach den Anstrengungen der Reise *via* Wien, Zürich, Lyon noch schlafend im Bett meines bescheidenen Hotelzimmers nahe dem alten Hafen, als er bei mir eindrang, die Jalousien heraufzog, um die provenzalische Sonne einzulassen, und mich laut schalt, weil ich noch im Bett lag. Wie angenehm überraschte mich seine lärmende Aufforderung, aufzustehen und sogleich »zu einer Kampagne von drei Jahren Dauer in die Südsee« aufzubrechen. O magische Worte! »*Une campagne de trois ans dans les mers du sud*« – das bedeutet auf französisch eine Hochseereise von drei Jahren Dauer. Er bescherte mir ein entzückendes Erwachen, und seine Freundlichkeit war unerschöpflich, wenn ich auch fürchte, daß er nicht mit dem gebotenen Ernst nach einem Schiff für mich suchte. Er war selber zur See gefahren, hatte das aber im Alter von fünfundzwanzig Jahren aufgegeben, als er herausbekommen hatte, daß er seinen Lebensunterhalt an Land auf viel angenehmere Weise verdienen konnte. Er war mit einer geradezu unglaublichen Zahl von gutsituierten Marseiller Familien einer gewissen Klasse verwandt. Einer seiner Onkel war ein angesehener Schiffsmakler, der ausgedehnte Verbindungen zu englischen Schiffen unterhielt. Andere Verwandte von ihm handelten mit Schiffsvorräten, besaßen Segelspeicher, verkauften Anker und Ketten, waren Lademeister, Kalfaterer, Schiffsbauer. Sein Großvater, glaube ich, war eine Art Würdenträger,

Syndikus der Lotsen. Ich lernte einige dieser Verwandten kennen, suchte aber mehr die Bekanntschaft mit den Lotsen. Den ersten Tag auf dem Salzwasser verbrachte ich auf Einladung in einem geräumigen, halbgedeckten Lotsenboot, das in diesigem Wetter bei aufbrisendem Wind mit gerefften Segeln kreuzend darauf wartete, daß ein Segel oder die Rauchfahne eines Dampfers hinter dem schlanken, hohen Leuchtturm von Planier erscheine, der die Linie des windumtosten Horizontes wie mit einem weißen, senkrecht geführten Stoß durchbrach. Sie waren gastfreundliche Seelen, diese stämmigen provenzalischen Seeleute. Unter dem Etikett *le petit ami de Baptistin* machte mich die Lotsenkorporation zu ihrem Gast und erlaubte mir, mich bei Tag oder Nacht nach Belieben in ihren Booten aufzuhalten. Viele Tage und auch Nächte verbrachte ich unterwegs mit diesen rauhen, gutartigen Männern, unter deren Anleitung mein Vertrautsein mit der See begann. Manche Nacht wurde »dem kleinen Freund von Baptistin« der Kapuzenmantel des Mittelmeermatrosen von ihren ehrlichen Händen über den Kopf gezogen, während wir, nach den Lichtern von Schiffen Ausschau haltend, in lee des Château d'If kreuzten. Ihre seegebräunten Gesichter, bärtig oder glattrasiert, hager oder fleischig, mit den scharfblickenden, umrunzelten Meeraugen des Lotsen, manch einer mit dem schmalen Goldring im behaarten Ohrlappen, behüteten meine Seekindheit. Die erste seemännische Unternehmung, die zu beobachten ich Gelegenheit hatte, war das Entern der Schiffe auf See, zu allen Zeiten und bei jedem Wetter. Das ließen sie mich gründlich betrachten. Und ich bin in mehr als eines der hohen, dunklen Häuser der Altstadt eingeladen worden.

Ihre Frauen mit den breiten Stirnen und den hellen Stimmen haben mir am gastlichen Tisch die Bouillabaisse in den dicken Porzellanteller geschöpft, und ich habe mit ihren Töchtern geschwätzt – kräftig gebauten Mädchen mit reinem Profil, herrlich weichem, schwarzem, kunstvoll frisiertem Haar, dunklen Augen und blendend weißen Zähnen.

Ich hatte daneben auch Bekanntschaften ganz anderer Art. Eine davon, Madame Delestang, eine gebieterische, ansehnliche, etwas statueske Dame pflegte mich gelegentlich auf dem Vordersitz ihrer Kutsche zur Stunde der Promenade auf den Prado mitzunehmen. Sie gehörte zu einer der alten, aristokratischen Familien des Südens. Mit ihrer hochmütigen Lässigkeit erinnerte sie mich an Lady Dedlock in Dickens' ›Bleak House‹, dem Werk des Meisters, für das ich seit meinen Kindertagen eine solche Bewunderung oder, besser gesagt, eine so brennende, unreflektierte Zuneigung empfinde, daß mir noch seine Schwächen lieber sind als die Stärken im Werke anderer Autoren. Ich habe es unzählige Male sowohl auf polnisch als auf englisch gelesen; noch gestern habe ich darin geblättert, und kraft einer nicht sehr verwunderlichen Umkehrung erinnerte die Lady Dedlock des Buches mich mächtig an *la belle Madame Delestang.*

Ihr Gatte (ich saß den beiden gegenüber) hatte mit seiner schmalen, knochigen Nase, den völlig blutlosen, wie verengten Zügen, die von dem kurzen obligatorischen Backenbart gleichsam zusammengedrückt wurden, nicht das mindeste von Leicester Dedlocks *grand air* und seiner umständlichen Steifheit. Er gehörte nur zur *haute bourgeoisie* und war ein Bankier, bei dem man ein mäßiges Konto für meine Bedürfnisse eröffnet hatte. Er war ein so feuriger – nein, ein so erstarrter, mumifizierter Royalist, daß er sich in der täglichen Unterhaltung einer Ausdrucksweise bediente, die, ich würde sagen, aus der Zeit des guten Henry Quatre stammte; redete er von Geld, so rechnete er nicht in Franken, wie es die gewöhnliche gottlose Herde der nachrevolutionären Franzosen zu tun pflegte, sondern in längst aus dem Umlauf gekommenen, vergessenen *écus* – von allen Geldsorten der Welt ausgerechnet *écus!* –, ganz als ergehe sich Louis Quatorze noch in königlicher Pracht in den Gärten von Versailles und als sei Monsieur de Colbert noch mit den Schiffahrtsangelegenheiten befaßt. Man wird zugeben, daß dies ein wunderliches Verhalten für einen Bankier des neunzehnten Jahrhunderts war. Glücklicherweise wurden im eigentlichen Bankgeschäft (dieses nahm einen Teil des Erdgeschosses im Stadthaus der Delestangs in einer stillen, schattigen Straße ein) die Konten in heutigem Geld geführt, so daß es mir niemals schwerfiel, meine Wünsche den ernsten, leise sprechenden, feierlichen, (vermutlich) legitimistischen Schreibern klarzumachen, die in dem durch die schweren Fenstergitter gedämpften Licht, unter hoher, mit stark hervortretender Kranzleiste versehenen Decke hinter dunklen, altertümlichen Pulten saßen. Beim Hinausgehen hatte ich stets das Gefühl, im Tempel einer sehr erhabenen, doch ganz weltlichen Religion gewesen zu sein. Und meistens war es bei solchen Gelegenheiten, daß Lady Ded..., ich meine Madame Delestang, wenn sie meinen gelüfteten Hut gewahrte, mich freundlich gebieterisch an die Kutsche heranzuwinken und mit amüsierter Lässigkeit vorzuschlagen pflegte: »*Venez-donc faire un tour avec nous*«, worauf der Gatte ein ermunterndes »*C'est ça. Allons, montez, jeune homme*« hinzuzufügen die Gewohnheit hatte. Gelegentlich fragte er mich eindringlich, doch immer taktvoll und zartfühlend, wie ich meine Zeit verbrächte, und unterließ es nie, die Hoffnung auszusprechen, daß ich regelmäßig meinem »verehrten Onkel« schreibe. Ich verhehlte nie, wie ich meine Zeit verbrachte, und ich nehme an, daß meine ungekünstelten Geschichten von Lotsen und ähnlichem der Madame Delestang unterhaltsam waren, insoweit jene ehrfurchtgebietende Frau durch das Geschwätz eines Jünglings unterhalten sein konnte, der überquoll von seinen neuartigen Erlebnissen unter fremden Menschen und Verhältnissen. Sie gab keine Meinung kund und sprach nur wenig mit mir; doch ihr Porträt hängt in der Galerie meiner intimen Erinnerungen und wird, einer kurzen flüchtigen Episode halber, auch dort hängenbleiben. Eines Tages, nachdem sie mich an einer Straßenecke abgesetzt hatte, bot sie mir ihre Hand und hielt mich mit einem leichten Druck dieser Hand zurück. Während der Gatte reglos saß und starr vor sich hin sah, lehnte sie sich in der Kutsche vor, um mit einer Spur von Ermahnung in ihrem lässigen Tonfall zu sagen: »*Il faut, cependant, faire attention à ne pas gâter sa vie.*« Ich hatte ihr Gesicht nie dem meinen so nahe gesehen. Sie verursachte mir Herzklopfen und machte, daß ich einen vollen Abend lang nachdenklich blieb. Gewiß muß man darauf achten, sein Leben nicht zu verpfuschen. Doch sie konnte nicht wissen – niemand konnte wissen –, wie abwegig mir der Gedanke an eine solche Gefahr erschien.

VII

Kann die Glut der ersten Liebe eingedämmt, abgeschwächt, zu kaltem Mißtrauen in die Zukunft verwandelt werden durch das gewichtige Zitat aus einem Lehrbuch der Wirtschaftspolitik? Ich frage: ist das vorstellbar? Ist es möglich? Wäre das zu billigen? Was konnte mir, der ich schon den Fuß auf den Strand gesetzt hatte und im Begriffe war, meinen blauäugigen Traum zu umfangen, eine gutgemeinte Mahnung, nicht mein Leben zu verpfuschen, in meiner jugendlichen Leidenschaftlichkeit bedeuten? Dies war die am wenigsten erwartete und auch die letzte der vielen Mahnungen, die ich erhalten hatte. Sie erschien mir besonders *bizarr* – und, da sie praktisch in der Gegenwart meiner Angebeteten geäußert wurde, von der Stimme der Torheit, der Stimme der Unwissenheit gesprochen zu sein. Ich war aber weder so stumpf noch so stupide, daß ich nicht auch die Stimme der Güte herausgehört hätte. Und überdies erheischte diese Mahnung bereits allein durch ihre Unbestimmtheit meine Aufmerksamkeit, denn was soll schon der Satz bedeuten: sein Leben verpfuschen? Gleichviel, wie ich schon sagte, machten mich die Worte der *belle Madame Delestang* für einen ganzen Abend nachdenklich. Ich versuchte zu verstehen und versuchte es vergeblich, denn mir fehlte die Vorstellung vom Leben als einem Unternehmen, das zugrunde gerichtet werden kann. Ich beendete meine Grübeleien kurz nach Mitternacht und ging, weder von Gespenstern der Vergangenheit noch von Visionen der Zukunft verfolgt, den Kai des *Vieux Port* entlang, um in das Lotsenboot meiner Freunde zu steigen. Ich wußte, wo das Boot uns erwarten würde: in dem kurzen Kanal hinter der Festung am Eingang zum Hafen. Die verlassenen Ladestraßen sahen im Mondlicht weiß und trocken und wie von der scharfen Luft der Dezembernacht überfroren aus. Ein oder zwei Streuner strichen lautlos vorüber; ein Zollwächter mit dem Säbel an der Seite, anzusehen wie ein Soldat, schritt dicht unter der langen Reihe der Schiffe hin, die mit dem Bug voran gegenüber der ausgedehnten, ein wenig gekrümmten, ungebrochenen Fassade der hohen Häuser festgemacht hatten, welche wie ein einziges riesengroßes verlassenes Bauwerk mit unzähligen, von Läden dicht verschlossenen Fenstern wirkte. Nur hier und da fiel aus einem kleinen, schmutzfarbenen Seemannscafé gelber Schimmer auf die bläulich glänzenden Steinplatten. Im Vorübergehen hörte man drinnen dumpfes Stimmengemurmel, nicht mehr. Wie still doch alles am Ende der Kais war in jener letzten Nacht, die ich als Gast der Lotsen von Marseille bei ihrer Dienstfahrt verbrachte! Kein Schritt außer dem meinen, kein Seufzer, nicht einmal das wispernde Echo der üblichen Lustbarkeiten, die in den engen, unbeschreiblichen Gassen der Alten Stadt vor sich gingen, drang an mein Ohr – und plötzlich schwankte unter erschrecklichem Geklirr und Gedröhn von Glas und Eisen der Omnibus der Joliette auf seiner letzten Fahrt um die Ecke der blinden Mauer, die auf der anderen Seite der gepflasterten Straße der charakteristischen, eckigen Masse des Forts St. Jean gegenüberliegt. Drei Pferde trotteten mit klappernden Hufen über das Granitpflaster, und das gelbe, tolle Gefährt schlingerte schwer hinterdrein, phantastisch hell erleuchtet, völlig leer und auf seinem schwankenden Bocke, in diesem erstaunlichen Lärm ganz offenbar schlafend, der Kutscher. Ich drückte mich gegen die Mauer und staunte offenen Mundes. Es war ein betäubender Eindruck. Als ich im Schatten der Festung unsicher weiterging, wo die Finsternis dichter war als die der bewölkten Nacht über dem Wasser, sah ich das Licht einer winzigen auf dem

Kai stehenden Laterne und nahm auch vermummte Gestalten wahr, die sich ihm von allen Seiten her näherten – Lotsen der dritten Korporation, die sich eilig zur Ausfahrt bereitmachten. Zu verschlafen, um redselig zu sein, gehen sie schweigend an Bord. Immerhin hört man hier und da ein Knurren und ein mächtiges Gähnen. Jemand sagt sogar: »*Ah! Coquin de sort!*« und seufzt leise über sein hartes Los.

Der *patron* der dritten Korporation (damals gab es im ganzen, glaube ich, fünf solcher Korporationen) ist der Schwager meines Freundes Solary (Baptistin), ein breitschultriger, breitbrüstiger Vierziger, dessen scharfer, offener Blick stets den Blick des anderen sucht. Er begrüßt mich mit einem gedämpften, herzhaften: »*Hé, l'ami. Comment va?*« Mit dem gestutzten Schnurrbart und dem festen, offenen Gesicht, das energisch und zugleich friedfertig wirkt, ist er ein gutes Exemplar des Südländers vom stillen Typ. Denn einen solchen Typ gibt es, und in ihm ist die wortreiche südländische Leidenschaftlichkeit in solide Kraft verwandelt. Er ist hellhaarig, und doch könnte ihn niemand, auch nicht beim schwachen Schimmer der Laterne auf dem Kai, mit einem Mann des Nordens verwechseln. Er ist ein Dutzend der üblichen Normannen oder Bretonen wert, doch könnte man an der gewaltig ausschwingenden Küste des Mittelmeeres kein halbes Dutzend Männer seiner Art zusammenbringen.

Da steht er an der Pinne, zieht unter der dicken Jacke die Uhr hervor und beugt sich im Lichte, das von der Lampe ins Boot fällt, über das Zifferblatt. Es ist Zeit. Seine angenehme Stimme befiehlt gedämpft: »*Larguez!*« Ein plötzlich vorgestreckter Arm nimmt die Lampe vom Kai weg – und, zunächst Hand über Hand an einem Tau entlanggezogen, dann von dem regelmäßigen Schlag der vier schweren Riemen im Vorschiff getrieben, gleitet das große, halbgedeckte Boot voller Männer aus dem schwarzen, erstickenden Schatten der Festung hervor. Das offene Wasser des *avant-port* glitzert unter dem Mond, wie mit Millionen Zechinen bestickt, und der langgestreckte weiße Wellenbrecher glänzt wie ein dicker Silberbarren. Mit einem Knarren der Blöcke und einem einzigen seidigen Rauschen wird das Segel von der leichten Brise gebläht, die kühn genug ist, geradenwegs vom froststarren Mond herabzukommen, und es scheint, als stehe das Boot, nachdem die langen Riemen polternd eingeholt sind, unbeweglich, inmitten eines rätselhaften Raunens, so sachte und unirdisch, daß es vielleicht von dem Rascheln herrührt, mit dem die glitzernden, überwältigenden Mondstrahlen sich wie ein Regenschauer auf der harten, glatten, schattenlosen See brechen.

Ich habe allen Grund, mich jener letzten, in Gesellschaft der Lotsen der dritten Korporation verbrachten Nacht zu erinnern. Ich habe seither den Zauber des Mondlichts auf vielen Meeren und an vielen Küsten gesehen – bewaldeten Küsten, felsigen Küsten, von Dünen gesäumten Küsten –, doch nirgendwo sonst war die magische Enthüllung des Ungeahnten so vollständig, daß man den Eindruck hatte, die mystische Beschaffenheit der Materie zu betrachten. Es wurde wohl durch Stunden hin in jenem Boot kein Wort gesprochen. Die Lotsen, die einander auf zwei Bankreihen gegenübersaßen, dösten, die Arme verschränkt, das Kinn auf der Brust. Sie stellten eine bunte Kollektion von Mützen zur Schau; Mützen aus Tuch, aus Wolle, aus Leder, Mützen mit Ohrenklappen und mit Pompons, dazwischen auch das eine und andere runde *béret*, tief in die Stirn gezogen. Und ein Großvater mit glattrasiertem, hagerem Gesicht und mächtiger Hakennase trug einen Kapuzenmantel, der ihn in unserer Mitte wie einen Mönch im Habit erscheinen ließ, den diese schweigenden Seeleute – sie waren so schweigsam, als seien sie tot – Gott weiß wohin entführten.

Meine Finger juckten nach der Pinne, und nach angemessener Weile übergab sie mir der *patron*, mein Freund, ganz so, wie der Familienkutscher dem Knaben die Zügel auf gefahrloser Straße überläßt. Um uns war große Einsamkeit; die Inseln vor uns, Monte Christo und das Château d'If, schienen uns im vollen Mondlicht entgegenzuschweben – so gleichmäßig, so unwahrnehmbar war die Fahrt, die unser Boot machte. »Halte dich in der Bahn des Mondlichtes«, wies mich der *patron* leise an, ließ sich schwer im Heck nieder und griff nach seiner Tabakspfeife.

Der Standort der Lotsen war bei Wetter wie dem augenblicklich herrschenden nur eine oder zwei Meilen westlich der Inseln, und als wir uns dieser Stelle näherten, schwamm das Boot, das wir ablösen sollten, unvermittelt auf dem Heimweg in unser Blickfeld, schnitt schwarz und unheimlich die Mondbahn unter samtenem Flügel, während unser Segel ihnen als eine Vision von Weiße und blendendem Glanz erschienen sein muß. Ohne auch nur um Haaresbreite von unserem Kurs abzuweichen, glitten wir auf Riemenlänge aneinander vorüber. Von drüben klang ein langgezogener, spöttischer Anruf. Sogleich, wie durch Zauber, sprangen unsere schlummernden Lotsen allesamt auf die Füße. Ein unglaubliches Durcheinander neckender Zurufe, ein lustiges, hitziges, wortreiches Geschwätz hob an und dauerte, bis die Boote einander passiert hatten – das ihre jetzt ganz hell und mit einem für uns blendend weißen Segel, wir nun für ihre Augen ganz schwarz und unter samtener Schwinge entgleitend. Jener ungewöhnliche Lärm erstarb fast ebenso unvermittelt, wie er begonnen hatte; erst bekam einer es satt und setzte sich, dann ein anderer, dann drei oder vier gleichzeitig, und als alle endlich brummelnd, halb knurrend, halb lachend aufgegeben hatten, wurde ein herzhaftes, nachhaltiges Kichern hörbar, das niemand beachtete. Der Großvater mit der Kapuze war irgendwo unter seinem Umhang ungemein amüsiert.

Er hatte sich nicht an dem lärmenden Austausch von Scherzen

beteiligt, hatte sich auch nicht bewegt. Er war still auf seinem Platz am Fuße des Mastes sitzengeblieben. Man hatte mir früher einmal zu verstehen gegeben, daß er in jener Flotte, die im Jahre des Herrn 1830 von Toulon zur Eroberung Algeriens ausgelaufen war, den Rang eines Leichtmatrosen gehabt habe *(matelot léger)*. Und fürwahr, ich hatte an seinem geflickten alten braunen Rock einen Knopf bemerkt und geprüft, den einzigen Messingknopf unter einem Sammelsurium anderer Knöpfe, einen flachen, abgegriffenen Knopf, auf dem die Worte *Equipages de ligne* eingraviert standen. Diese Art Knopf verschwand, soweit ich weiß, mit den Bourbonen. »Ich habe ihn von meiner Matrosenzeit her aufbewahrt«, erläuterte er, mehrmals hastig mit dem hageren, geiergleichen Kopf nickend. Es war unwahrscheinlich, daß er dieses Überbleibsel sollte auf der Straße gefunden haben; er sah jedenfalls alt genug aus, um bei Trafalgar mitgekämpft – oder jedenfalls dort seine Rolle als Pulverschlepper gespielt zu haben. Kurz nachdem wir einander kennengelernt hatten, erzählte er mir in seinem franco-provenzalischen Jargon und mit zahnlos zitternden Kiefern, daß er als »ein Dreikäsehoch, nicht größer als so«, den Kaiser Napoleon habe aus Elba zurückkehren sehen. Es sei bei Nacht gewesen, so berichtete er unbestimmt und ohne besondere Lebhaftigkeit, irgendwo auf offenem Felde zwischen Fréjus und Antibes. An einer Straßenkreuzung habe ein mächtiges Feuer gebrannt. Die Bevölkerung etlicher Dörfer habe sich da versammelt gehabt, Alte und Junge, einschließlich der Wickelkinder, denn die Frauen hätten nicht zu Hause bleiben wollen. Hochgewachsene Soldaten, die mächtige Pelzmützen trugen, hatten einen Ring gebildet und wandten den Leuten stumm die Gesichter zu, und ihre strengblickenden Augen und die großen Schnurrbärte reichten hin, um jedermann Abstand wahren zu lassen. Er, ein »frecher Dreikäsehoch«, habe sich von der Menge losgemacht, sei auf Händen und Knien so nahe als er gewagt an die Beine der Grenadiere herangekrochen, und als er hindurchgeblickt, habe er reglos im Feuerschein »einen kleinen fetten Kerl« stehen sehen, »im Dreispitz, den langen Mantel bis zum Halse zugeknöpft, mit großem, bleichem Gesicht, eine Schulter hochgezogen, einem Priester ähnlich. Er hatte die Hände auf dem Rücken verschränkt..., anscheinend war das der Kaiser«, bemerkte der Greis leise seufzend. Er habe da aus Leibeskräften geglotzt, bis »mein armer Vater«, der ihn bereits voller Angst überall gesucht, seinen Jungen packte und am Ohr fortzerrte.

Diese Erzählung scheint auf einer authentischen Erinnerung zu beruhen. Er hat sie mir viele Male wiederholt, stets mit den selben Worten. Der Großvater beehrte mich mit einer ganz besonderen und manchmal peinlichen Vorliebe. Gegensätze berühren sich. Er war bei weitem das älteste Mitglied der Korporation, und ich war, wenn ich so sagen darf, das zeitweilig von ihr adoptierte Kind. Soweit irgendein Mann in seinem Boot zurückdenken konnte, war der Alte immer schon Lotse gewesen; dreißig – vierzig Jahre lang. Er selber wußte es nicht genau, doch könnte man es, wie er sagte, jederzeit in den Akten des Lotsenamtes feststellen. Er war schon vor Jahren pensioniert worden, doch fuhr er aus Gewohnheit immer wieder mit hinaus; und, wie mir mein Freund, der *patron* der Korporation, einmal flüsternd anvertraute, »der alte Bursche macht uns keinen Ärger, er ist nie im Wege«. Man behandelte ihn mit rauher Ehrerbietung. Der eine oder andere richtete gelegentlich eine belanglose Bemerkung an ihn, doch niemand achtete auf das, was der Alte erwidern mochte. Er hatte seine Kraft, seine Brauchbarkeit, ja auch seine Weisheit überlebt. Er trug lange grüne Wollstrümpfe, die bis über die Knie seiner Hosen reichten, eine Art wollener Nachtmütze auf dem haarlosen Schädel, und an den Füßen Holzschuhe. Ohne seinen Kapuzenmantel sah er aus wie ein Bauer. Wenn er an Bord kam, streckten sich ihm ein halbes Dutzend hilfreiche Hände hin, danach überließ man ihn meist seinen Gedanken. Selbstverständlich tat er nie irgendwelche Arbeit, höchstens forderte man ihn gelegentlich auf, etwa eine Leine loszuwerfen: – »*Hé! l'Ancien!* Mach die Leine los, da, neben deiner Hand!« – oder sonst einen leichten Handgriff vorzunehmen.

Niemand beachtete im geringsten das Kichern unter der Kapuze. Der Alte fuhr recht lange und mit beträchtlichem Vergnügen darin fort. Offensichtlich hatte er sich den unschuldigen Sinn bewahrt, der leicht zu erheitern ist. Doch als seine Lustigkeit vergangen war, machte er in selbstbewußtem, dabei aber quengelndem Ton eine seemännische Bemerkung:

»In so einer Nacht werden wir nichts zu tun bekommen.«

Niemand nahm das auf. Er hatte eine Binsenwahrheit ausgesprochen. Nichts, was Segel trug, konnte in solch träger Nacht verträumter Schönheit und überirdischer Stille in den Hafen einlaufen. Wir würden unnütz zwischen den Begrenzungspunkten der vorgeschriebenen Position hin und her fahren müssen, und falls nicht mit der Dämmerung eine Brise aufkäme, würden wir vor Sonnenaufgang auf einem Inselchen landen, das keine zwei Meilen entfernt wie ein Klumpen gefrorenen Mondlichtes glänzte, um dort »eine Kruste Brot zu brechen und einen Schluck Wein zu nehmen«. Dieses Verfahren war mir bereits vertraut. Das starke, nun seiner Besatzung ledige Boot würde den seetüchtigen Rumpf an den Fels schmiegen – von so glatter Liebenswürdigkeit zeigt sich dieses klassische Meer, wenn es sanft gestimmt ist. Wenn die Brotkruste gebrochen und der Schluck Wein genommen war, vertrieben sich die Lotsen die Zeit damit, auf den vom Meersalz überzogenen Steinen umherzustapfen und ihre starren Finger anzuhauchen. Zwei oder drei Misanthropen saßen dann wohl abseits auf Felsblöcken, wie menschengleiche Seevögel von einzelgängerischer Veranlagung; die zur Geselligkeit neigenden erzählten einander, in gestikulierenden Grüppchen beisammenstehend, Skandalgeschichten. Und immer wieder nahm der eine oder andere meiner Gastgeber mit der langen Messingröhre des Kiekers – eines schweren, mörderisch aussehenden Stückes Gemeineigentums, das ununterbrochen mit drohender oder zielender Bewegung von Hand zu Hand gereicht wurde – den leeren Horizont aufs Korn. Gegen Mittag dann (es handelte sich um den kurzen Turnus, der lange Turnus dauerte vierundzwanzig Stunden) wurden wir von einem anderen Lotsenboot abgelöst und hielten auf den alten phönizischen Hafen zu, den die rotweiß gestreifte Masse der Notre Dame de la Garde von ihrem staubgrauen, verödeten Bergrücken her beherrscht und hütet.

Dies alles ereignete sich nun genauso, wie ich es kraft meiner ganz frischen Erfahrungen vorhergesehen hatte. Doch es geschah auch etwas, das ich nicht vorhergesehen hatte, etwas, das mich diese letzte Ausfahrt mit den Lotsen nicht vergessen läßt. Denn bei dieser Gelegenheit geschah es, daß meine Hand zum erstenmal die Bordwand eines englischen Schiffes berührte.

Mit der Dämmerung war keine frische Brise aufgekommen, einzig der stetig gehende leichte Zugwind verschärfte sich ein wenig, als der östliche Himmel vom reinen, farblosen Licht hell und gläsern wurde. Während wir alle auf dem Inselchen waren, wurde ein Dampfer mit dem Fernrohr ausgemacht, ein schwarzer Punkt, der wie ein Insekt auf der Kante des Horizontes hockte. Der Dampfer kam schnell bis zu seiner Wasserlinie in Sicht, er näherte sich stetig, ein schlanker Rumpf mit langer Rauchfahne darüber, die von der aufgehenden Sonne wegwies. Wir legten eilig ab und hielten auf unsere Beute zu, schafften aber keine drei Meilen in der Stunde.

Das Schiff war ein großer, erstklassiger Frachtdampfer von einem Typ, den man jetzt auf See nicht mehr antrifft, ein schwarzer Rumpf mit niedrigen weißen Aufbauten, auf dem Vordeck drei Masten mit reichlicher Takelage; zwei Matrosen hielten das mächtige Ruder – das Dampfruder war damals noch nichts Alltägliches –, und bei den Rudergängern auf der Brücke standen drei Männer, die in dicken blauen Jacken sehr stämmig aussahen, rotgesichtige, vermummte Männer mit Schirmmützen – vermutlich die Schiffsoffiziere. Es gibt Schiffe, denen ich öfter als einmal begegnet bin, die ich gut vom Aussehen kenne, deren Namen ich vergessen habe; den Namen jenes Dampfers aber, den ich nur ein einziges Mal vor so vielen Jahren im klaren Glanz eines blassen, kalten Sonnenaufganges sah, den habe ich nicht vergessen. Wie könnte ich auch – das erste englische Schiff, dessen Rumpf meine Hand berührte! Der Name, ich las ihn Buchstaben um Buchstaben am Bug, lautete *James Westoll.* Nicht sehr romantisch, wird man sagen. Es ist wohl der Name eines vermögenden, bekannten, von aller Welt geachteten Schiffseigners aus einem nördlichen Landesteil. James Westoll! Konnte ein ehrenhaftes, schwerarbeitendes Schiff einen besseren Namen führen? Allein diese Gruppe von Buchstaben erweckt in mir noch heute das romantische Empfinden, das der Anblick dieses Schiffes auslöste, als ich es reglos auf dem Wasser liegen sah, in einer der strengen Reinheit des Lichtes entliehenen, vollkommenen Anmut.

Wir waren schon recht nahe herangekommen, und einer Eingebung folgend, erbot ich mich, den Bugriemen des Dingis zu übernehmen, das sofort ablegte, um den Lotsen an Bord zu bringen, während unser Boot, von dem sanften Luftzug geschoben, der uns die Nacht hindurch begleitet hatte, an der schwarzen, glänzenden Bordwand des Dampfers entlangglitt. Einige Ruderschläge brachten uns längsseits, und da geschah es, daß ich zum allerersten Mal in meinem Leben in englischer Sprache angeredet wurde – in der Sprache meiner heimlichen Wahl, der Sprache meiner Zukunft, lange währender Freundschaften, tiefster Neigungen, qualvoller Stunden und müßiger Stunden, auch einsamer Stunden, gelesener Bücher, gedachter Gedanken, erinnerter Empfindungen – ja, meiner Träume! Und wenn (nachdem sie jenen Teil von mir gebildet hat, der unvergänglich ist) ich auch nicht wage, sie laut die meine zu nennen, so ist sie doch die Sprache meiner Kinder. So macht der Ablauf der Zeit kleine Ereignisse denkwürdig. Was nun die Anrede selbst betrifft, so kann ich nicht behaupten, sie sei bedeutend gewesen. Zu kurz, um beredsam zu sein, und im Tonfall jeden Liebreizes bar, bestand sie aus den drei Wörtern »paß auf da«, die jemand heiser über meinem Kopf knurrte.

Die Stimme kam aus einem großen, dicken Kerl hervor (er zeigte ein vorspringendes, behaartes Doppelkinn), der ein blaues Wollhemd trug, dazu Pumphosen, die von offen zur Schau gestellten Hosenträgern etwa in der Höhe des Brustbeines gehalten wurden. Da es dort, wo er stand, kein Schanzkleid gab, sondern nur Reling und Poller, war es mir möglich, mit einem einzigen Blick seine ganze gewichtige Person von den Füßen bis zur Krone seines weichen schwarzen Hutes zu umfassen, der wie ein lächerlicher umrandeter Zuckerhut auf seinem dicken Kopf thronte. Das groteske und füllige Aussehen dieses Matrosen (das war er wohl, vermutlich der Lampenputzer) überraschte mich außerordentlich. Meine Lektüre, meine Träume und meine Sehnsucht nach der See hatten mich auf einen solchen Seebruder nicht vorbereitet. Eine ähnliche Gestalt ist mir auch nie wieder begegnet, ausgenommen in den Illustrationen zu Herrn W. W. Jacobs höchst unterhaltsamen Geschichten von Leichtern und Küstenfahrern; doch die Begabung, die Herrn Jacobs befähigte, sich ohne Unterlaß über arme, harmlose Seeleute lustig zu machen, und das in einer Prosa, die, so ausschweifend sie in ihren glücklich gewählten Einfällen auch sein möge, stets künstlerisch der beobachteten Wahrheit angepaßt ist, diese Begabung gab es noch nicht. Vielleicht gab es auch

Herrn Jacobs noch nicht. Ich möchte fast glauben, daß er damals bestenfalls seine Amme zum Lachen gebracht haben kann.

Ich wiederhole daher, daß ich, abgesehen von sonstigen Unzulänglichkeiten, nicht auf den Anblick dieses heiseren alten Schweinsfisches vorbereitet sein konnte. Der Zweck seiner knappen an mich gerichteten Anrede war es, meine Aufmerksamkeit auf ein Tau zu lenken, das er mir unverzüglich zuwarf. Ich fing es auf, obgleich das eigentlich überflüssig war, denn der Dampfer machte jetzt keine Fahrt mehr. Alles übrige ging dann sehr rasch vor sich. Das Dingi stieß mit einem leichten Bumms gegen die Bordwand des Dampfers, der Lotse packte das Fallreep und war schon halb hinaufgeklettert, ehe ich begriff, daß unsere Aufgabe, den Lotsen abzusetzen, erledigt war; durch die Eisenplatten der Bordwand drang gedämpft das grelle Klingeln des Maschinentelegraphen; mein Kumpan im Dingi mahnte, ich möge »kräftig abstoßen«; und als ich gegen die glatte Bordwand des ersten englischen Schiffes drückte, das ich je im Leben berührt hatte, spürte ich, wie es bereits unter meiner Handfläche bebte.

Der Bug schwang ein wenig nach Westen, er wies nach dem winzigen, weit entfernten Leuchtturm auf dem Wellenbrecher von Joliette, der kaum vor dem Land zu erkennen war. Das Dingi vollführte ein klatschendes, spritzendes Tänzchen im Kielwasser; ich drehte mich auf der Ruderbank um und folgte der *James Westoll* mit den Augen. Ehe sie eine Viertelmeile landwärts gefahren war, zog sie ihre Flagge auf, wie es die Hafenbehörde von einlaufenden und auslaufenden Schiffen verlangt. Ich sah sie plötzlich am Flaggenstock flattern und sich im Winde strecken. The Red Ensign! In der durchsichtigen, farblosen Atmosphäre, welche die steingrauen Massen jenes südlichen Landes, die fahlen Inselchen, die blasse, grasblaue See unter dem gläsern bleichen Himmel jenes frostigen Sonnenaufganges einhüllte, war die Flagge, soweit das Auge reichte, der einzige kräftige Farbfleck – flammengleich, brennend, und jetzt schon so klein wie der winzige rote Funke, den der gesammelte Widerschein eines großen Feuers im reinen Herzen einer kristallenen Kugel entzündet. The Red Ensign – das symbolische, schützende, warme Fahnentuch, das weit über die Meere hin weht und so viele Jahre hindurch das einzige Dach über meinem Haupt sein sollte.